最後は言い方

これだけで
チームが活きる
究極のスキル

Leadership Is Language
L. David Marquet

L．デビッド・マルケ
花塚恵〔訳〕

東洋経済新報社

Leadership Is Language
by L. David Marquet

This edition published by arrangement with Portfolio, an imprint of
Penguin Publishing Group, a division of Penguin Random House LLC
through Tuttle-Mori Agency, Inc., Tokyo

はしがき
「言い方ひとつ」でチームは変わる

あなたは上司から、次のような言葉をかけられたことはないだろうか。
あるいは、上司として、こんな言葉を発したことはないだろうか。

「これは君にやってもらわないと」
「今月もノルマをこなそう」
「みんなそれでいいな」
「上で決まったことには逆らえないから」

「私はいつもこのやり方でやってきた」

「われわれに方向転換はありえない」

「おいおい。わかってないな」


これを見て、どう思うだろうか。よくある言い回しじゃないかと思う人もいるだろうし、何となく嫌な感じを受ける人もいるだろう。

私は、これらの言葉には、上司による**暗黙の強要や、議論封じが含まれている**と思う。

- ●自分がやると決めたわけでもないことをやるように言われる。
- ●自分が決めたわけでもない目標の達成を示される。
- ●決まったことに異議を唱えないようプレッシャーをかけられる。
- ●自分の考え方まで否定される。

残念ながら、現代の職場には、まだそんな状況があふれている。

仕事とはそういうものだろう、と言う人もいるかもしれない。しかし、自分の判断が尊重されない環境でも熱心に働き続けられるという人は、どれだけいるだろうか。

また、確かに強要めいた含みがあるなと思っていただいたとして、ではあなたが上司やリーダーになったら、このような言い方をせずに、部下に動いてもらうことはできるだろうか。あなたは、**チームを導くための、より効果的な言い方を知っているだろうか。**

誰しも、仕事とはいえ、強要などしたくないし、されたくない、というのが本音だろう。もちろん私もそうだ。

しかし、仕事をしていると、必然的にそうなってしまうことがある。

なぜそうなるかというと、**上司は考えて判断する人、部下は決まったことを実行する人というように、役割を分担しているからだ。**

この分担は、経営側が判断し、現場がそれを忠実に実行するという、産業革命期に端を発するやり方だ。この構造そのものを変えない限り、**他人に何かを強要する必要に迫られてしまうのが現代の職場なのだ。**

この古いやり方は、私たちの身体に染みついている。これまでの時代には、最適だったのかもしれない。しかし、これからも同じやり方を続けていては、圧倒的なパフォーマンスを実現して不確実な時代を生き抜く、といったことはできない。

ビジネスを取り巻く状況は刻々と変わっていく。そんななか、上司（判断する人）と部下（実行する人）を分断してしまうと、どちらも主体的に仕事に取り組む機会を奪われてしまう。そして役割に同化して上司への、あるいは部下への配慮をなくし、いずれ最低限のことしかしなくなる。

そんな状況に陥ったチームや組織を救い出す、というのが本書の目的となる。

私はこの本で、まず、**私たちに染みついた産業革命期のやり方とはどんなものなのか**を言語化した。それには、次の6つのやり方がある。

①時計に従う
②強要する
③服従する
④終わりを決めずに続行する
⑤能力を証明する
⑥自分の役割に同化する

この構造に自覚的になると、冒頭に述べたような、私たちがふつうに使っている言葉のなかに、適切でないものが含まれていると気づけるようになる。それに気づくと、職場での言い方のニュアンスが微妙に変わっていくはずだ。私たちの意識の変化で、実際にどのように言い方が変わるのかも、詳細に記述した。

次に、**これからの時代に、この6つのやり方がどう変わるべきか**を記述した。新しいやり方には、次の6つがある。

①時計を支配する
②連携をとる
③責任感を自覚して取り組む
④事前に定めた目標を達成したら区切りをつける
⑤成果を改善する
⑥垣根を越えてつながる

本書では、古いやり方、新しいやり方を対比させつつ、それがなぜ問題なのか、あるいは必要なのかを述べていく。それから、古いやり方から新しいやり方に移行するための方法も伝えていきたい。

その移行には、特別なことは必要ない。

強要や議論封じをする必要も、部下を入れ替えたり、考え方まで変えさせたりする必要もない。ただ、**コミュニケーションの際の言葉遣いを変えればいい**のだ。言葉遣いを変えるとメンバーの行動が変わり、パフォーマンスも大きく改善していく。

本当だろうか、と思う方もいるだろう。なぜ私がそうだと断言できるかと言えば、私はそれを、米海軍の原子力潜水艦「サンタフェ」の艦長として実現したからだ。私が艦長になったとき、サンタフェの乗員は、知識の面でも、操作の面でも、士気の面でも、潜水艦部隊の底辺にいた。その原因はリーダーシップの問題にあると見て取った私は、**リーダーが部下に責任を委ねる新しい形のリーダーシップを導入した。**

この「委ねるリーダーシップ」を艦内に浸透させると、1年もしないうちに劇的な変化が生じ、サンタフェは素晴らしい働きを見せた。

その噂を聞きつけてサンタフェに乗船することを希望した、『7つの習慣』著者のコヴィー博士からは、こんな言葉をいただいた。

> サンタフェで働く人々の様子を目の当たりにした身として言わせてもらうなら、彼らの働き方は、今日の働き方を多少改良したという程度のものではない。根本から違うと断言できる……権限を付与するリーダーシップは数あるが、マルケ艦長が提唱するもの以上に優れたものを私は知らない。

本書の主張は、サンタフェでの私の実体験を土台としている。

その後私は海軍を離れてコンサルタントとなり、多くの民間企業が新しいやり方に取り組むサポートをし、成果を上げてきた。

そうした経験から、私の新しいやり方を取り入れると、きっとあなたのチームも大きく飛躍するだろうと確信している。

「言われたとおりにやっただけです」

「判断は私の仕事ではないので」

こんな残念な言葉を自ら発したこと、あるいは部下に言わせてしまったことはないだろうか。こうした言い方がなされる原因は、前述のように決定者と実行者の役割を分断してしまったことにある。

そうなると上司の仕事は、自らが決めたことを部下にやらせたり、従わせたりすることとなる。自分が決めたわけでもないことをするよう指示された部下は、考えることをやめ、このような言葉を発しがちになるのだ。

さらに、この役割の分断のせいで、考えすぎて行動できない上司や、間違った仕事を実行し続ける現場といった問題も生じる。

しかし**これからは、誰もが思考と行動の両方を担うことが求められる。**思考と行動の適切なバランスをとることが必要となるのだ。

本書で紹介する言葉遣いは、**チーム全体の思考と行動のバランスを保ち**、さらには思考と行動の切り替えを上手に行うためのものだ。どのタイミングでどんな言葉を使うと切り替えがスムーズに進み、よりよい成果を得られるのかを、詳しく解説していこう。

一例をあげると、本書を読むことで、次の2つの言い回しがチームに与える良い影響、悪い影響について、はっきり区別して理解できるようになるはずだ。

「みんなはどう思う？」

「私の意見はこうだ」

リーダーとしてのあなたの言葉遣いは、チームの心理的安全性やパフォーマンスに大きな影響を与える。もしあなたが、産業革命期の古いやり方から抜け出し、新しいやり方と言葉遣いを身につければ、**チームの成果も、メンバーの幸福度も、ひいてはあなた自身の充実感も、大きく改善されるだろう。**

みなさんが古いルールから解き放たれ、創造的な成果を次々と生み出し、それがすべての人の幸せにつながることを心から願っている。

最後は言い方ひとつ　目次

第1章

古いリーダーシップで使われる言葉

——貨物船エルファロを沈没させた根本理由

10

第2章 上からの圧力と忖度の空気を壊すには

——古いやり方をどう変えればいいのか

第7章

アウトプットをもう一段改善したいと感じたら

——保身モードに入ったメンバーの思考をほぐす方法

本書は、L・デビッド・マルケ著『LEADER’S LANGUAGE 言葉遣いこそ最強の武器』（東洋経済新報社、２０２１年）を基に、著者の許諾を得て、読みやすさを考慮して要約・編集したエッセンシャル版です。

序章

優秀なプレイヤーが優秀なリーダーに変わるとき

私は自分が特別だと思っていた。そう思い始めたのは高校生のときで、まわりの誰よりも優秀な成績をおさめたことがきっかけだ。その思いは米海軍兵学校時代も続いた。海軍兵学校を卒業し、海軍の潜水艦部隊に艦長として配属されると、私はこんなふうに誤解した。

こんなに早く出世できたのだから、**私はまわりに比べて観察力や自制心に優れ、責任感が強くて思考力が高く、周囲に気配りができるに違いない**と。

認めるのはつらいが、当時の私は、ともに働く人たちよりも仕事ができる（そして単純に優秀である）とかなり本気で思っていた。

部下に苦難を強いてでも勝ちたかった私

私のものの見方が歪んでいると示す兆候はたくさんあった。それらに目を向けなかったことがいまも悔やまれる。

パフォーマンスこそすべてという考えのもと、**私は誰も寄せつけない強者の仮面をかぶった**。人生が激しい競争だとするなら、私は部下にどんな苦難を強いてでも勝とうとしたと思ってもらって間違いない。

当時の私のように、序列のなかの役割に自分を同化してしまうとどうなるか。

自分が成し遂げたことが適切に評価されていないと感じるたびにイライラする。

周囲と感情的な距離を置き、どんな犠牲を払ってでも弱さを見せないという働き方になり、孤独や虚しさに苛まれる。

昇進や表彰は誇らしかったが、**本当に大切な何かが私には欠けていた**。

私のキャリアは、思いがけず遠回りを強いられた。

原子力潜水艦「サンタフェ」の艦長が急に辞任し、突如として私がその後任を務めることになったのだ。

当時、サンタフェは士気もパフォーマンスも低い艦として有名で、艦隊の笑いものとなっていた。

通常なら、リーダーとしての力量を証明しにかかるところだが、それはあくまでも、その艦について把握している場合の話だ。実際には、私はそれまでの12カ月間、別の潜水艦を引き継ぐ準備をしていた。つまり、サンタフェについて何もわからない状態で、艦長に就いたのだ。

海に出た初日、乗員も私も互いを品定めしていた。私は本能的に艦長という役割に同化し、身体に染みついている行動をとってしまった。そう、**乗員に命令を与え、その命令に従わせたのだ**。

私は2つ目のモーターを稼働させろと命じた。だが、サンタフェはモーターがひとつしかない艦なので、その命令は技術的に実行できない。

命令を受けた士官は直ちに「2つ目のモーター稼働」と復唱したが、その命令は無意味だと彼はわかっていた。そしてやる気なく肩をすくめると、その命令を実行に移せと指示を出し、私の間違いはみなの知るところとなった。

この瞬間、私の人生が変わった。

今回のような明らかなミスをしでかしたとき、艦の士官がそれを指摘してくれると信頼できなければ、どうなるだろうか。誤って人を殺しかねないし、自分たちの命すら危うい。

私は、この状況をどうにかする必要があった。

もう命令しないと決めて、その後どうしたか

私がそれまでに受けたリーダーシップ研修は、リーダーの意思決定のやり方と、決めたことをチームに実行させる方法を教えるものばかりだった。

だが、そうして学んだ解決策は、サンタフェで間違った命令を下したときには何の役にも立たなかった。

それもそのはずだ。**問題は、間違った命令を下したことにあるのではなく、そもそも私が命令を下したことにある**のだから。

みなの前で私の間違いが露呈したその日、私はサンタフェの士官たちとこんな約束を交わした。私は今後、一切命令を与えない。その代わり、われわれの目的は何で、何を成し遂げようとしているかを伝えると。

士官たちは、艦長からの指示を待たないことに同意した。

今後は指示を待たず、彼らのほうから、目的をどのように成し遂げるつもりなのかを私に伝えるのだ。この変更により、使う言葉が少しばかり変わる。

士官たちは、**「艦長、○○の許可をお願いしたいのですが」**ではなく、**「艦長、これから○○をします」**と言うようになる。

そして、私たちは握手を交わし、それぞれの職務に戻った。

それから12カ月が過ぎ、サンタフェはある記録を樹立した。33名の優秀な水兵が、翌年の再乗艦願にひとり残らず署名して海軍に残ったのだ。また、海軍に要請されるあらゆる任務において、優秀な成績をおさめた。そればかりか、潜水艦操作の視察検査を受けたときには、歴代最高得点を叩き出した。

解雇者はひとりも出していない。にもかかわらず、サンタフェのパフォーマンスと士気は、たった1年で、どちらも最低から最高に跳ね上がったのだ。

そうなったのは、士官や水兵に対する上からのプレッシャーを強くしたからではない。逆に私が一歩下がり、彼らが私に歩み寄るようにしたためだ。

その結果、**１人のリーダーと１３４人の部下は、自ら行動し考える１３５人のリーダーとなった。**

私の最大の敵は、私自身だった

この素晴らしい結果を残せたのは、スキルや知識が向上したためでも、「職務に身を捧げた」ためでもない。海軍の規則の一部に手を加えたのは事実だが、ごく些細なものだ。

海軍は、われわれの手がほとんど及ばない仕組みになっている。スケジュール、割り当てられる主要な任務、昇進、技術的な要件、法的義務、手順や方針のほとんどについて変えることができないし、艦に乗る人員すら変更はきかない。

ただし、艦内で互いにどのような話し方をするか、どんな言葉を使うかは自分たちで決めることができる。それを始めるのは私からだ。

結局のところ、**リーダーシップは言葉から始まる**。

私が乗員たちとのコミュニケーションで使う言葉を変えると、彼らが私に話しかけてくるときの言葉や、乗員どうしが話すときの言葉も変わった。話すときに使う言葉が変わると、艦内の文化も変わった。

文化が変わったことで、われわれが生み出す成果にも変化が現れた。**使う言葉を変えたら、世界が変わったのだ**。

サンタフェで起きた変化の詳細について知りたい人は、私の前著『米海軍で屈指の潜水艦艦長による「最強組織」の作り方』を読んでもらいたい。

サンタフェで、私のプライドはへし折られた。私は自分が思うような特別な人間ではないと思い知らされたのだ。

私は自分の意見を表明する前に、みなに発言を促す問いかけをし、彼らが何を言い、どんな発想や視点を持ち、どんな活動を提案するのかと熱心に耳を傾けるようになった。

そうすれば、たいていは自分が思っていたのと同じくらい、いや、それ以上に優れた意見が出てくるのだ。

私はそれまで、自分が望むことを周囲の人間に急いでやらせようとしていた。そのせいで、**彼らの開放性、創造性、仕事に対する思い入れを抑圧していた。**

そうして私が彼らから貢献できる可能性を奪えば奪うほど、またリーダーとして率いるチームの規模が大きくなるほど、すべてを把握し、すべてを自分ひとりで管理しようとする私の力は衰えていった。

私にとっての最大の敵は、ずっと私自身だったのだ。

新しいリーダーに知ってほしいこと

私たちには、産業革命期の組織のやり方が染みついている。

当時の組織は、働く人々をリーダーとリーダーに付き従う部下、つまりは**決断する者と実行する者に分断していた。**

決断する者と実行する者が分かれていたため、リーダーは、部下が決定に関与しなかった仕事や、彼らが「受け入れたわけでもない」仕事を実行させる必要があった。**必然的に、**

強要が求められたのだ。

一方、**部下から出される意見のバリエーション＝異なった意見は、敵とみなされた。**工場労働では、結果を出すために、できる限りの一貫性が必要とされるからだ。よって、そこで使われる言葉も、自然とバリエーションを減らす方向のものが定着していった。

そして、限られた労働時間により多くの作業をねじ込ませ続けた結果、人々はつねに「時計に従う（時間に追われる）」という感覚にとらわれるようになった。

だが、いまはそのすべてを変える必要がある。組織が生き残るには、実行する者は同時に決断する者にもならないといけない。**私たちに染みついた過去のリーダーシップのあり方を根本から変える必要がある**ということだ。

本書を通じて、リーダーとなる人のための6つの新しいやり方を紹介しよう。

以下の一つひとつを個別に紹介するだけでなく、それぞれのやり方がどう関係し合っているか、また古いやり方とどのような関係にあるのかも伝えたい。

新しいやり方1　時計を支配する（古いやり方：時計に従う）

新しいやり方2　連携をとる（古いやり方：強要する）

新しいやり方3　責任感を自覚して取り組む（古いやり方：服従する）

新しいやり方4　事前に定めた目標を達成したら区切りをつける（古いやり方：終わり

を決めずに続行する）

新しいやり方5　成果を改善する（古いやり方：能力を証明する）

新しいやり方6　垣根を越えてつながる（古いやり方：自分の役割に同化する）

どのやり方にも、要となる言葉遣いがある。新しいやり方を機能させるための新しい言葉遣いとともに、詳しく説明しよう。

本書の主張に信憑性を与えるために、実際に命がけの状況に置かれたチームの話を最初に読んでもらいたい。

これは２０１５年に起きた貨物船事故の話で、貨物船の名前は「エルファロ」。近代的な無線システムや航行設備を搭載していたが、ハリケーンに向かって進んでいって沈没し、船に乗っていた33名全員が命を落とした。

エルファロの船内で実際に何が起きたのか。それを理解することから始めるとしよう。

第1章

古いリーダーシップで使われる言葉

――貨物船エルファロを沈没させた根本理由

火曜日――エルファロ出港

2015年9月29日火曜日。この日の貨物船エルファロは慌ただしく、33名の船員が出港に向けて最終準備を行っていた。フロリダのジャクソンビルからプエルトリコの首都サンファンまでの航海に出るためだ。

午後8時6分。エルファロは出港した。そのころ、船の通り道となるバハマ諸島付近の大西洋で、熱帯低気圧「ホアキン」が勢力を強めていた。

翌朝、「ホアキン」はカテゴリー1のハリケーンに成長したと発表され、バハマの主要地域にハリケーン警報が発令された。「ホアキン」はのちに、1866年以降にバハマを襲った最大のハリケーンとなる。

エルファロがまだ港に停泊していたとき、非番だった同船の高級船員が船長にメールを送っていた。それは、嵐が迫っているがどのルートをとるつもりなのか、と尋ねるものだった。

船長の返信には、いつものようにプエルトリコに直進するルート（ルート1）をとる予定だと書いてあった。いつもの直進ルートは最短コースだが、ハリケーンにもっとも近づくルートでもある。

それとは別にオールドバハマ海峡を通るルート（ルート2）もあった。こちらを行くと遠回りになり、8時間余計にかかるが、船と嵐のあいだにバハマ諸島があるので、船体への風や波の影響が和らぐ。

エルファロの2つの決断ポイント

海洋航行の経験がなくても、エルファロの船長と船員に突きつけられた選択肢は理解できる。

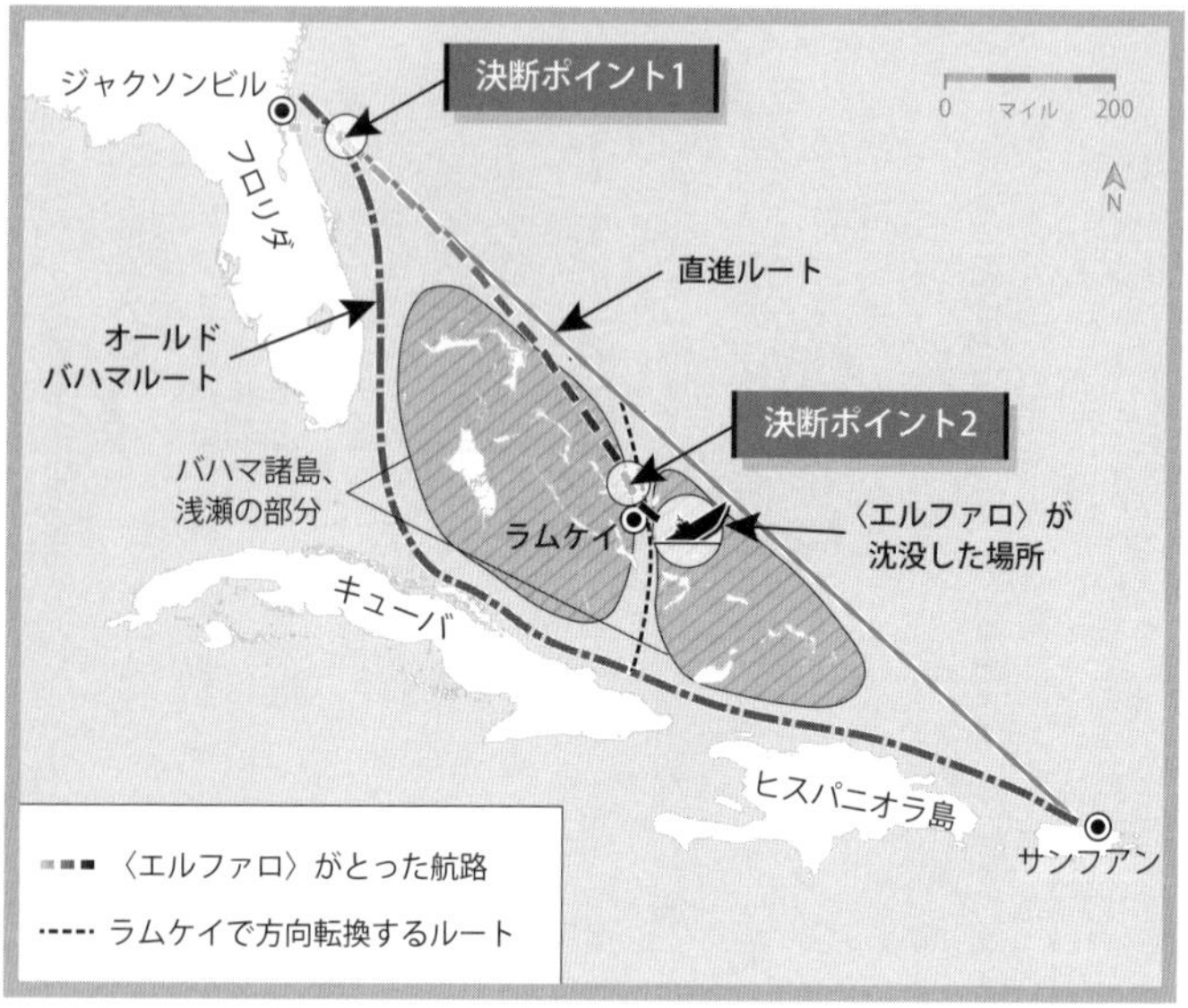

出港後、いつもの直進ルートではなく、より安全なオールドバハマルートに変更できるポイントは2つしかない。

1. フロリダ半島沿いにオールドバハマ海峡を通るルートを進む（決断ポイント1）
2. まず直進ルートを進み、ラムケイの島の近くで右に舵を切る（決断ポイント2）

バハマ諸島付近には浅瀬の部分があって方向転換ができない。しかしラムケイには、バハマ諸島のあいだをぬって北から南に船が通れるだけの広さがあった。

直進ルートを選んでラムケイ（決断ポイント2）を過ぎたら、あとは直進ルートを行くしかない。そうなれば東側から吹く風を遮るものは何もない。船長の心は事前に決まっていたようで、航海に出る前に船員たちとルートについて話し合うことはなかった。

現状の速度でエルファロが航海を続ければ、翌水曜日の午前7時に決断ポイント1に到達し、木曜日の午前1時に決断ポイント2に到達する。

この章では、**私たちの身体に染み込んでいる、産業革命期のやり方に付随する言葉の威力**について解説しよう。

ここでは、ハリケーンに直面した外航船を例に用いるが、大きなプロジェクトに取り組むどんなチームにも当てはまると思ってもらってかまわない。

エルファロがとった航路は、船長にとっても船員にとっても慣れ親しんだものだった。定期的に往復していて、航路のすみずみまで熟知していた。

つまり、フロリダのジャクソンビルからプエルトリコの首都サンファンまでの航海は、**真面目にやれば誰でもできる仕事の典型であり、船に乗るすべての船員が、いつ何をすべきかを明確に理解している状況**だと言えた。

しかし今回の状況は違っていた。エルファロが出港した時点では、「ホアキン」は熱帯低気圧に分類されていた。近づいてきてはいたが、バハマ諸島付近のどこかで右にそれると予想されていた。

そうなれば、エルファロが通るルートは嵐の後ろ側となり、受ける影響は比較的小さくなる。だが逆に左にそれれば、エルファロは嵐の正面に向かうことになり、強烈な風と大きな波にさらされる。

いったん直進ルートをとれば、ラムケイに到達するまでは、島々が防護壁となるオールドバハマルートに移ることができない。

経験豊富な船員はみなこの事実を知っていて、エルファロに乗船していたのはベテランの船員たちばかりだ。技術や能力に問題はなかった。

水曜日――嵐の中心から600マイル

出港の翌朝の水曜日午前7時2分。エルファロがバハマ諸島（決断ポイント1）に近づくと、船長は直進ルートをとると決断し、嵐が直撃する側の航路を進み始めた。

この決断はどのように下されたのか？

慎重に検討して下されたものでないことは確かだ。エルファロの船内で、船長と一等航海士の話し合いはあったものの、彼ら以外は話し合いに参加するどころか、話し合いがあることすら知らされていなかった。

おそらく船長と一等航海士には、**決断と呼ぶほどのことをしたという認識がなかったの**

ではないだろうか。港を離れる前から、船長はいつもの直進ルートを使うとある程度心に決めていたのだろう。

話し合いの最初のほうで、船長は一等航海士に「今回は耐えるしかないな」と告げた。これで決断は下された。決まりだ。

この話し合いで決まったことは、「計画を続行する」ということだけだ。直進ルートを選ぶべきかどうかではなく、直進ルートをどのように進むかが議題だったというわけだ。

これはまさに、**産業革命期に誕生したやり方のひとつである「続行」**だ。

「続行」することにとらわれてしまい、深く考えずに無駄な努力をし続ける人は多い。

船長たちの会話の記録を見ると、決断の根拠となる前提に関する話、あるいは前提の根拠となる証拠を集める話は一切出てこない。

のちに、その決断はよくなかったと判明すると、船長は**「責任感の過熱」**に陥った。つまり、一度決めたことだからという理由だけで、破滅を招く行動を最後までやり抜こうとしたのだ。

エルファロはなぜ、嵐にさらされる直進ルートを進み続けようとしたのか？

それが早く着くルートだったからだ。海上を進むだけではお金は稼げない。目的地に到着し、積荷を降ろして初めてお金を稼ぐことができる。

この理由から、商業船舶の船員は、誰もが**「時計に従おう」**とする。

時計に従っていると、人は時間のプレッシャーを感じ、「時間内にやり遂げる」ことが目的化してしまう。

時計に従うことの最大のメリットは、集中力が生まれることだ。時間どおりに行動しなければという意識に駆られ、そのおかげでものごとをやり遂げられるようになる。

もちろん、それが本当にやり遂げる必要のあることなら、何の問題もない。だが、**時間のプレッシャーはあらゆるストレスをもたらす**。そのせいで自衛モードになって自分の殻に閉じこもるようだと、認知能力を十分発揮できなくなり、視野も狭くなってしまう。

船員に服従を強要する言葉

エルファロが直進ルートを進むなか、船長は複数の船員に向かって次のような言葉をかけている。

「われわれは優秀だ」

「大丈夫なはずだ。いや、『はず』ではだめだ。大丈夫にするんだ」

さらには、新米の船員が「あらゆる天候の可能性」に言及しようとすると、からかうようにこう言った。

「おいおい。わかってないな。この船は方向転換しない。方向転換はありえない」

船長の言葉は、**どんな犠牲を払ってでも「やり遂げる」**と語っていた。この種の言葉は難攻不落で無敵だ。どんな懸念も表明できなくさせてしまう。そこには、こんなメッセージが込められている。

「この決断に疑問を差し挟むべきではない」

「われわれが進む道はもう決まっている」

「異議を唱えることも、もう一度説明を求めることも許さない」

船長がそうした言葉を使う動機は何だったのか？

そもそも、リーダーの動機とは何か？

まわりにいる人々に自信を持たせること？

彼らを作業に集中させること？

彼らを自分に従わせること？

ここでの船長のような発言は、読者の誰もが繰り返し聞いているだろう。それは産業革命期に誕生した**「強要」**だ。

この表現では露骨すぎるので、世間では「鼓舞」や「動機づけ」と呼ばれているが、この場面では、船長には、**直進ルートをとるという決断にかかわっていない人々を決定に従わせる必要があった**ということが根底にある。

船長はなぜ破滅につながる行動をとり続けたか

船長はなぜ破滅につながる行動をとり続けたのか？　船長を責めるのは簡単だが、彼が指揮を執っていた背景を詳しく見ていこう。

船長が所属する海運会社は、エルファロを含む複数の船舶を廃船にして、新たに2隻の貨物船を導入する計画を立てていた。

3隻の船が2隻に減るのだ。

そのうちの1隻の船長はすでに決まっているので、残る船長枠はひとつしかない。つまり、**船長は実績をあげる必要性に迫られていた**。

船長は出港してしばらくたったころに、上司にメールを送っている。天候への不安を抱き、復路について相談したいと考えたのだ。そして、復路はオールドバハマ海峡を通る可能性があると上司に伝えた。

ただし、それはあくまでも上司の承認を得られた場合に限ると付け加えることも忘れなかった。

上司からの返答は、必要に応じて遠回りのルートをとってよいというものだった。このやりとりから、船長は上司の許可を得ることを前提とする環境で動いていたとわかる。

海洋に出ている船の運航上の権限は、厳密には船長にあるのだが、エルファロの船長はそう感じていなかったようだ。

その証拠に、彼は上からの命令に忠実な社員という役割に自らを**「同化」**させた。「同化」もまた、産業革命期に誕生した、生産性を損なわせるやり方のひとつである。

メールを送った時点では、船はラムケイには到達しておらず、航路を変えることも可能だった。にもかかわらず、船長が上司にラムケイで南に進路を変えることを提案しなかったのはなぜか？

船長にとって、直進ルートをとるという決断は、絶対に変えてはいけないものだったからだ。プエルトリコに着くまでのルートは、一度決めたら変えられない。彼はそう思い込んでいた。

それに、「あらゆる天候の可能性」に言及しようとした船員をからかった手前、いまさら自分から天候の話題を持ち出すことはできない。船長は**自ら発した言葉にとらわれて、破滅につながる行動をとり続けた**のだ。

復路に関しては、最初の決断とは別物だと船長はとらえていたようだ。だから、別のルートをとると上司に提案することに抵抗がなかったのだろう。

水曜日の夜から木曜日の朝にかけて、船内で話し合いが行われた。そこでは何人かの船員から、嵐に直面する直進ルートを危惧する声があがった。

記録を読むと、**エルファロがハリケーンの目にまっすぐ向かっているという自覚が彼らにあったことは疑いようがない。**

そのころ「ホアキン」は、ゆっくりと南西に進んでいた。どうやら右にそれるという予想ははずれるようだ。ハリケーンが方向転換するタイミングが遅くなるほど、エルファロの正面に嵐がくる危険性が高まる。

二等航海士は、日付が変わるころにこんな不満を述べた。

「……逃げられない。南に進む限り、嵐が船を追いかけてくる」

議論封じはこうして果たされた

三等航海士が夜の当直にやってきた。水曜日の午後8時から午前0時の担当だ。

彼がブリッジにやってくると、入れ替わりに船長がブリッジを去った。船長はその後8時間は戻ってこない。午後8時になる直前に、船長が三等航海士に告げた最後の言葉はこれだ。

「君が当直のあいだはほぼ確実に起きているから、何か気がかりなことがあれば、進路を動かして（ためらわずに変えて）私を呼べ」

状況は刻々と悪化していったが、エルファロは直進ルートを進み続けていた。オールドバハマルートへ移動するチャンスは、あと1回しかない。木曜日の午前1時だ。その時間はどんどん近づいている。

移動できるポイントに到達する約2時間前、見張りをしていた三等航海士が船長に内線電話をかけて嵐の位置を報告し、直進ルートからの進路の変更を提案した。

ボイスレコーダーに記録された彼の発言は、次のようなものだった。

> えー、あの、げ、現状の天気予報ですとね、その、中心部の最大風速が、えー、時速１００マイル（約１６０キロメートル）になるようです。えー、私の見たところ、２３０の方向に５ノット（時速約９キロメートル）で移動しており、おそらく、このまま５時間ほど、同じ方向に同じように移動すると思われます。
>
> となると、われわれの進路に向かってくることになるようでして、それで、あの、かなり近づくのではないかと。あの、もっと具体的な数字も出せますが、えー、とにかく近くなりそうです。はっきりとはわかりませんが。
>
> もう少し正確な数字がわかったら、また連絡しますが、午前４時にはミーティングを行いますよね。

こう言い終えると、彼はすぐに「わかりました」と続けている。船長から、いまの直進ルートのままで行けと命じられたのだ。予定どおりに進み続けろとの命令が下り、少しの間があったのちに、「服従」が続いたということだ。

三等航海士の話しぶりはたどたどしく、明言を避けるようにしている一方で、船長に敬意を払うことを忘れていない。緊張感が伝わってくる。

こういう話し方で来られると、船長が自分の望まない情報を却下することはたやすい。船長が伝えた命令には、議論を封じるという目論見があり、その目的は果たされた。だがもちろん、嵐の強さ自体を封じることはできない。

船長がブリッジを去る前に告げた、ためらわずに進路を変えればいいとか、自分を呼べといった助言はどうなったのだろう？　**そうした助言が機能しない理由を理解することが、リーダーシップの理解には欠かせない。**

人は他者がすべきことにばかり目を向けがちだ。自分の行動を変える努力に時間を費やすより、他者に行動を押しつけるほうが簡単で、認知機能を使わずにすむ。

耳を傾ける気などない態度を示しておきながら意見を募る、というのもその一例だ。周囲に発言を促そうが、「ためらわずに進路を変えろ」と「権限の移譲」まで行おうが、トップダウンで決まる環境下では、効果は見込めない。

リーダーがそうした発言をするのは、**自分の良心を満たすため**だ。それに、失敗したときに、発言を促したのに誰も意見しなかったと周囲のせいにできる。

だが、**リーダーシップとは周囲のために力を発揮すること**なので、リーダーがまわりを責めることがあってはならない。他者の人生に影響を及ぼす自らの言葉と行動にひたすら責任を持つ、それがリーダーの務めである。

木曜日——嵐の中心から100マイル

木曜日の午前0時になり、三等航海士と見張り役を交代する二等航海士がやってきた。ふたりは率直に話し合った。計画のまま進めば、4時間以内にハリケーンの目が25マイル（40キロメートル）の距離に近づくと三等航海士が指摘すると、ふたりは笑った。

それからラムケイでの進路変更の話題になったが、二等航海士の女性の言葉は、「あの人［船長］は気に入らないでしょうね」だった。

その場にいたほかの一般船員たちも、同時に交代することになっていた。彼らは、個人用の救難ビーコン（救難信号発信機）を準備しておけば、海水に触れたらスイッチが入ると冗談を飛ばした。**非常事態を茶化していた**のだ。

「こんなところにいるバカは俺たちだけですね」と交代を控えた船員のひとりが言った。

会話の記録からは、三等航海士がブリッジを離れたのちどこへ行ったかはわからないが、おそらくは眠りについたと思う。

原子力潜水艦サンタフェでは、勤務を離れる士官は艦長の元へ報告に行っていた。それは状況をより鮮明に伝えるためで、差し迫った危機があれば、その危機感を伝えた。だがエルファロでそういうことが行われていた証拠は何もないので、船長への報告はなかったと思われる。

木曜日の午前１時にはもう、全長７９０フィート（約２４０メートル）の貨物船は嵐に襲われ始めていた。激しい風がデッキを打ちつけ、船外へ出るときは体を固定しないといけなくなった。

船体は波で上下左右に激しく揺れた。行く手に嵐があることは誰もがわかっていたが、それが具体的にどういうものかはわかっていなかった。ハリケーンの目は船から約１００マイル（約１６０キロメートル）東にあり、ゆっくりと西に移動していた。

そんななか、エルファロは最大速度でその目に向かって直進していた。ブリッジでは、二等航海士と舵手がラムケイで南下する選択肢について話していた。

……そうすればハリケーンから逃れられなくはないかも。南下してハリケーンから逃げたら、そこから、ほら、オールドバハマ海峡に移れるわよね。航路上にウェイポイント（経路上で位置を確認するための参照ポイント）がもうひとつあるから、「ノイズ」オールドバハマ海峡に通じてる。サンファン［プエルトリコ］にまっすぐ行ける。

二等航海士は、ハリケーンから逃れる方法を知っていたのだ。逃げられる可能性について語る彼女の声には安堵の響きがあった。だが、「〜られなくはない」という言い方をしている。「〜する」でも「〜すべき」でもない。

この言い方ではまるで、自分たちにはない選択肢を持つパラレルワールドにいる船員の話をしているようではないか。

上司に物申すことはできない

批判的な言い方をすると、二等航海士は南に進路を変えろと命令しなかった。船長の許可が要るという組織構造にとらわれていたのだ。船長は計画の変更を望んでいなかった。彼女はそれを知っていて、**船長の意向を忖度し、慣習に同調したのだ。**

二等航海士も舵手も、事態が切迫しているとわかっていた。それでもふたりは、サバイバルスーツを準備しておこうか、といった冗談を言い合い、コーヒーカップの大きさを話題にぎこちない会話を続けた。こんな日に海に出ている船はどこも大変だとふたりで笑ったが、その付近を走っている船はもうエルファロだけだった。

ハリケーンがカテゴリー3に引き上げられたことも話題に出た。カテゴリー3の最大風速は、時速１２９マイル（約２０８キロメートル）だ。舵手が「2時に進路を変えるんですよね？」と尋ねた。

二等航海士はためらいがちにこう答えた。

「わからない。そうね、もう少ししても船長が「ブリッジに」こなければ、電話してみようかな」

そして、進路変更は安全のためなのだと何度も繰り返した。そうやって勇気を奮い立たせたのだろう。

20分後、二等航海士は船長に内線電話をかけた。その電話で、船長を心変わりさせるという高いハードルを乗り越えなければならないのだと、彼女はわかっていた。

ブリッジの記録には、二等航海士が話したことしか残っていない。それは次のようなものだった（聞き取れない部分は＊＊＊で示している）。

（あの）私は（島）（の）南に＊＊＊海峡に＊＊＊したいと＊＊＊嵐に遭います。あの、フォックスニュースでカテゴリー＊＊＊に上がったと言っていました。ええ。はい（そう聞きました）＊＊＊。現状はよくないようです。いまはあの、０２００の方向に進んで進路を真南に変えて、そのまま（われわれは）＊＊＊えー＊＊＊浅瀬の領域を進みます。えー、（次の）進路は（バハマ諸島を通過しているときに）変更（する

ことになり）、それから＊＊＊で旋回（する予定）です。

彼女の言葉も、三等航海士がかけた電話と同じで、「あの」や「えー」が多く、ためらいがちで控えめだ。「そう聞きました」は責任を回避する言い回しであり、こういう言い方は「そうなっています」という表現に比べて説得力が弱い。**責任を回避した言い方は、現実から目をそらす心の逃げ道を許す。**

「現状はよくないようです」では、「われわれは危険に向かっています」という明確で直接的な物言いに比べて、心もとない。

失敗の構造はどこにあったのか

二等航海士が電話をかけた先の船長の言葉はボイスレコーダーに捕捉されていないが、彼は計画続行を指示したに違いない。議論を促すことも、関心を示すことも、進路を修正することもなく、予定どおりに進むことを強調しただけだろう。

二等航海士はそれに対し、説得を試みようとはしなかった。両者とも自らの役割に「同化」したのだ。

二等航海士が発言を終えた4秒後、「わかりました」という言葉だけが流れると、彼女

は進路に関する小さな修正を船長に報告し、船長が計画どおりに進みたがっていると舵手に伝えた。

思うに、当直に就いていた船員たちは、彼らの未来を左右する極めて重要な岐路に立たされていると気づきながらも、**それを表現する言葉を持ち合わせていなかった**のではないか。当直班は、昔ながらの「続行」と「服従」というやり方にとらわれた。

要するに、計画に異を唱えず、従い続けたのだ。

この事故について、米国国家運輸安全委員会の報告書が公開されたとき、81人中81人が、「当直班がブリッジにおける運営の原則に従って**もっとはっきりと船長に懸念を伝えていれば**、船長の状況認識はよいほうに変わっていただろう」と回答していた。

この回答で問題にされているのは、病気の症状であって、病気そのものではない。

当直班が**懸念をはっきりと表明できる構造を生み出す責任は、船長と会社にある**。彼らがリーダーシップを発揮し、計画に疑問を投げかけづらくする文化が生じるのを防がなければならない。

船長との通話から30分もしないうちに、当直班の面々から、「稲妻が見えた」「船体に波がぶつかる音が聞こえた」との声があがり、船が進路からそれ始めた。全長７９０フィートの貨物船であっても、大波ひとつで航路からはずれる。

もちろん、そのときにはもう手遅れだった。２番目の決断ポイントは通り過ぎていて、

船体の南側には浅瀬が広がるだけ。もはや嵐から逃れる術はない。茶化していた非常事態が現実となったのだ。

彼らの口ぶりからすると、立っているのもままならないようだった。二等航海士が悪態をついて「いまのはヤバかった」と続けた場面もあった。

午前3時30分になると、風向きが変わったとブリッジで誰かが言い出した。エルファロの前方と右側を風が叩きつけるようになったのだ。誰も口にはしなかったが、それが何を意味するかはみなわかっていた。**船が嵐の直撃を受ける側にいる**ということだ。

嵐は移動するにつれ、どんどん風速を増していた。数分後、船内のナンバー2である一等航海士が当直のためにブリッジにやってきた。

船長から進路変更を却下されたことについて話すチャンスだったが、二等航海士は何も言わなかった。そんなことをして何になる？　言ったところでもう手遅れだ。ならば、エネルギーを無駄にしないほうがいい。

時代遅れの思考に勝てなかった――嵐の中心から30マイル

木曜日の午前4時10分。船長がようやくブリッジに戻ってきた。彼がブリッジを去ってから、8時間と10分がたっていた。当直は4時間交代なので、三等航海士が当直に就いた

最初の17分を除いては、彼の当直とその次の二等航海士の当直時のことは、船長は何もわからない。

ブリッジに戻ってきた船長は、「この航海は順調だ」「ぐっすり眠れた」「アラスカの冬にはよくあることだ」などと発言している。

船員たちを安心させようとしたにせよ、自らの決断を正当化しようとしたにせよ、状況は何も変わらなかった。**あと3時間半で、この船は全乗員とともに沈む。**

エルファロはこの時点で、ハリケーンの目に30マイル（約48キロメートル）まで近づいていたと思われる。

エルファロは沈む少し前に警報を発した。その後、探索隊が見つけたのは、巨大な船の残骸だった。

嵐の凄まじさを考慮に入れても、あれほど大きく近代的な船体が沈むとはどうしても思えなかった。だがそれは現実に沈んでいる。現代のテクノロジーをもってしても、**時代遅れの思考には歯が立たなかった**のだ。

幸い、国家運輸安全委員会が船の沈んだ場所を特定し、ボイスレコーダーを回収した。そのおかげで、ブリッジで行われた会話がすべて残っている。貨物船の沈没という悲劇が残した貴重な記録だ。

良かれと思ってしたことなのに……

会話の記録があるおかげで、私たちは船員たちがとった行動から学ぶことができる。すべての発言を吟味し批評することも可能だ。だがそうすると、過ち探しがしたくなり、船員たちが犯した過ちを見つけたい誘惑に駆られる。

私が会話の書き起こし原稿を何度も読むあいだ、彼らと同じく船員として働く人や専門家から、エルファロの船員は職務をまっとうしたという意見があがった。**誰もが船を救おうと、各自の使命をやり遂げるために最善を尽くした**と彼らは言う。

私の前職である海軍の艦長たちにも同意見の人は多い。彼らもまた、エルファロの船長と同じやり方に従って職務にあたるリーダーたちだ。私自身にも、エルファロの船員たちを擁護する気持ちがあった。

彼らがたどった運命を目の当たりにすると、胸が痛む。彼らは、船員として劣っていたわけでも、悪人だったわけでもない。彼らの命運が尽きたのは、誤ったやり方に従っていたせいなのだ。

そのパターンを私は何度も見てきた。**優秀な人が正しいと思うことをやり、悲惨な結果に苦しむ**。彼らが思う正しいこととは、時計に従い、服従を強要し、役割に同化し、行動することを優先し、パフォーマンスを第一に考えることだ。

だがそうすると、結果として粗悪な製品が生まれたり、売上の減少や時間の浪費を招いたりする。役に立つことをしているという実感が得られないこともある。身も蓋もない言い方をすれば、**誤ったやり方に従っていたら、場合によっては人が死ぬ。**

組織で働く場合、個々人にはその制度のなかで最善を尽くす責任がある。そして、個々人がそれぞれのやり方で最善を尽くせるような制度をつくるのは、リーダーの責任だ。

時代遅れのやり方をいくら上手に実践しても意味がない。

私たちに必要なのは、新しいやり方だ。別のやり方に従っていたら、エルファロの乗員はいまも生きていたかもしれない。

もしやり方が違っていたら、彼らはどのような行動をとっただろうか。それを最終章で想像してみようと思う。

第2章

上からの圧力と忖度の空気を壊すには

——古いやり方をどう変えればいいのか

私は管理職向けのリーダーシップ研修を開くと必ず、参加者にこう聞くことにしている。

　夫と妻のそれぞれに、自分が家事をどれくらい請け負っているかを申告してもらう実験があります。その実験で、夫と妻の申告値を足すと、決まって１００パーセントを上回ります。では、過大申告の平均はどれくらいでしょうか。

制限時間は90秒とする。これで彼らには、時間を守らなくてはならないというプレッシャーがかかる。

実は、この出題には隠された意図がある。各テーブルのリーダーが、**プレッシャーのもとでどのように決断を下すか**を観察することだ。

彼らはご多分に漏れず、産業革命期のやり方に従う。室内のどのテーブルでも、会話の流れは基本的に次のようになる。

問題が発表されたとたん、立場が上の参加者が最初に自分の推測を口にする。

すると、ほかのメンバーがそれに同調し、その数字に近い推測を口にする。

その時点で沈黙を保っているメンバーは、そのまま発言しない可能性が高い。

上の人が口を開いて、下の人が同調する構造

これは**まさに産業革命時代のやり方だ**。意思決定に至る構造（議論してから投票する）が、決断を下す前に出る意見のバリエーション（ばらつき、多様性）を減らすものとなっている。

こうして下された決断は、「声の大きい人々の英知」と呼んで差し支えないだろう。**立場が上の人が発した最初の数字がそのテーブルを支配し**、それが正解からどれほどかけ離れていても、最初の数字に限りなく近い数がそのテーブルの最終的な回答となる（ちなみ

に正解は１３０パーセントだ）。

違う数字を思い描いているメンバーは発言を控えるので、有意義な情報を得る機会や分析の機会が奪われる。

ここまで読めば、これが**グループで決断を下すときの最善のやり方でない**ことはおわかりだろう。だが、グループで決断を下すケースのほとんどが、これとまったく同じやり方をしている。

まさにエルファロで行われていた、船長が決定し、それを周囲が知るというやり方だ。

よりよい決断を下すには、異なる意見を集めることから始める必要がある。グループ全体の意見、とりわけいちばん上の立場の人間が影響を及ぼすよりも先に、各自に意見を発表する機会を与えるのだ。

一人ひとりの思いを潰さないようにすれば、多種多様な考えが最大限集まる。それを実現させたいなら、議論を始める前に各自にそれぞれ意見を書かせればいい。

意見が集まったら、グループ全体で見直す。その際は、誰の意見かは明らかにしないまま、グループ全体で選択肢を狭め、意見を収束させていく。

こうして生み出された成果は「集団の英知」だ。条件が整っていれば、グループとしての見識は、そのグループに属するどの一個人のそれよりもつねに優る。

行動こそ重要という先入観を捨てよう

エルファロの船長と船員の命運が尽きたのは、過去のやり方に従い、それに伴う言葉を使うことが身体に染みついていたからだ。彼らは時代遅れのやり方にとらわれて、違うやり方に目を向けることができなかった。

たとえ違うやり方を思い描けたとしても、**仕事に就いてから従い続けているパターンから抜け出すことは困難を極めた**に違いない。身体に染みついたパターンを壊そうと試みる（そして失敗する）エルファロの高級船員たちの言葉には、不安が見て取れる。

エルファロの船員たちに、どんなやり方が染みついていたのか。そして、彼らを救ったかもしれないやり方とはどういうものか。ここで対比させてみよう。

- 船員たちは時計に従ったが、**時計を支配下に置くべき**だった。
- 船長は船員たちに服従を強要したが、彼らと**連携をとるべき**だった。
- 船員たちは船長に服従したが、**自分の責任という自覚を持つべき**だった。
- 彼らは直進ルートをとるという計画をひとまとまりととらえ、計画を続行した。だが決断ポイント1、決断ポイント2で計画を分割し、決断ポイントごとに**区切りをつけ**

て検討すべきだった。

- 彼らは判断を**改善すべきモードになるべき**ときに、行動で結果を証明するモードになった。
- 航海中の彼らは自らの立場に同化していたが、**立場の垣根を越えたつながりを構築するべき**だった。

行動を起こすことは大事だが、思考とのバランスをとる必要がある。考えずに行動ばかりしていれば、無駄な行動や間違った行動を生んでまずいことになるし、行動せずに考えてばかりいれば、いつまでも着手がなされず苛立ちが募る。

会社として、個人として、学習し成長するには、行動と思考の2つの活動のバランスを正しくとることが重要なカギとなる。

何かについて考えようが、何かに関する決断を下そうが、その正否を確かめる行動をとらない限り、学習は生まれない。他者の指示に無分別に従って行動する場合も同じだ。

行動と思考のバランスをとるのは必須だが、一方で私たちは長きにわたり、行動こそ重要という先入観にとらわれてきた。その先入観は、私たちが使う言葉や組織のあり方に起因する。

これからは、**組織のトップだけでなく、どの階級のどのレベルの人も、すべての行動に**

思考を伴わせるようにする必要がある。

これが本書を通じて伝えたいメッセージだ。

思考モードのときは、意見の多様性を歓迎する

考える、あるいは決断を下すとき、バリエーションは味方となる。可能な活動のバリエーションが広がるほど、イノベーションや創造性、選択肢の幅が広がる。

バリエーションが思考にメリットをもたらすことは、次の例からもよくわかる。

- ●ブレーンストーミングでは、さまざまなアイデアができるだけたくさん出てほしい。
- ●意思決定を行うときは、幅広い選択肢があってほしい。
- ●真実を見極めるときは、異なる視点を知りたい。

バリエーションを歓迎する状況では、「開かれた」「好奇心をそそる」「可能性がある」「改善に目を向けた」といった言葉が使われる。

別の言い方をするなら、「どうすればわかる？」や「どの程度安全なのか？」といった問いかけとなり、好奇心や弱さが言葉に表れる。

誰もが同じことを考えていれば、バリエーションは少ない。そういう状況は、「意見の一致」という言葉で表されることがある。人々の意見が異なるとき、とりわけ反対意見が出るときは、バリエーションが豊富な状況だ。

「意見の一致」という言葉は、肯定的な意味で使われるのが一般的だ。だがこれは、バリエーションがなくなったことを意味する。

人はものを考えるときにバリエーションを望まない。多様な意見を歓迎し、意見の一致を避けるべきときでも、リーダーは意見を一致させようとすることが多い。そうしておきながら、チーム内から新たなアイデアが出てこないのはなぜだろうと首をかしげる。

問題は、リーダーのとる戦略が間違っていることにある。**バリエーションを歓迎すべきゲームに、バリエーションをなくすためのやり方を持ち込んでいる**のだ。

人はなぜ、バリエーションを減らしたがるのか？　まず、選択肢が増えれば、そのぶん認知的なハードルが上がるという点があげられる。要は考慮しなければならないことが増えるのだ。これは大変な作業だ。

人の脳は労力を最小限にとどめるように配線されているので、そうした大変な作業を拒む。買い物客に多すぎる選択肢を提示すれば、その客は何も買わない。

行動モードのときは、意見の多様性は敵になる

だが、それ以上に重要な理由として、バリエーションは、つねに組織の重要事項とされる「行動」の敵になるという点があげられる。バリエーションが増えることは、思考の際にはメリットになる。逆に、**行動の際は、バリエーションを減らすことがメリットになる。**この違いは重要だ。

例をあげよう。

●パーツを製造する場合、どのパーツも可能な限り同じでないといけない。製造業にとって、ばらつき（バリエーション）は過失となる。

●潜水艦を動かす乗員は、手順に忠実であることが求められる。手順の順序を違えるのは違反行為となる。潜水時は、手順1が「ハッチを閉じる」で、手順2が「潜水する」となっていて、この順序を逆にすれば過失となる。

●ファストフード店で出すハンバーガーは、顧客の要望がない限りはどれも同じでないといけない。質や量にばらつきがあると顧客に混乱を招き、どれを買えばいくらかかるのかがわかりづらくなる。ファストフード店では標準化が勝つ。

バリエーションを減らす言葉は、結果を重視し、ひとつのことに意識を向けさせようとする。つまり、やり方と手順の厳守を徹底させるということだ。そのため、「このやり方で実行しろ」や「間違いない」といった言い方になる。**バリエーションを減らす言葉は、制御と服従を促す**。

考える仕事は青ワーク、実行する仕事は赤ワーク

意思決定（考えること）と実行（行動すること）は種類が異なる仕事であり、バリエーションのとらえ方も正反対になる。

よって、**意思決定と実行ではまったく異なる頭の使い方が必要になり、使う言葉の種類も変わる**。自分がどちらの仕事をしているかを判別する呼び名があると便利だ。

そこで、**バリエーションを歓迎する、考える仕事や意思決定を行う仕事を「青ワーク」と呼ぶ**ことにしよう。

一方、**バリエーションを抑える必要のある、実行する仕事を「赤ワーク」と呼ぶ**ことにしよう。

実行に「赤ワーク」と名づけたのは、赤が活力や決意を表す色だからで、思考に「青ワー

ク」と名づけたのは、青が冷静さや創造性を表す色だからだ。

仕事を進めるには、赤ワーク、青ワークのどちらかだけでは不十分だ。どちらも適切な量を行う必要がある。そのバランスを見つけて、両方を効果的に行うために、チームとして意図的に仕事のやり方を変える必要がある。

赤ワークから青ワークへ、あるいは青ワークから赤ワークへと、意識して仕事のモードを切り替えるのだ。

私が艦長を務めていた潜水艦では、バリエーションを歓迎する思考の時間を設けていた。この時間は多種多様な意見が歓迎された。

◆「みんなはどう思うか」
◆「準備はどの程度できているか」
◆「別の見方はできないか」

こんな質問が飛び、この時間はみなが青ワークに取り組んだ。

そして、行動に移す準備ができたと上官が判断したら、思考モードから行動モードに切り替える。行動に移すと決まったら、バリエーションは敬遠され、正確さが求められる。決まった手順に従うのだ。この時間は赤ワークに相当する。

赤ワークに取り組んでいるときは、できるだけ定められたとおりに行動することが望ましい。魚雷の装填を例にあげよう。魚雷は1本ずつまったく同じように装填されるのが常だった。肉体的にはきつい仕事だが、どの魚雷をどの発射管にいつ装填するかを決めることに比べれば、頭脳労働はあまり必要とされない。

魚雷の装填といった作業の実施には、必然性や達成感が生まれる。そのため、こうした作業に人はのめり込みやすい。**「やり遂げた」ことで生まれる高揚感に丸め込まれてしまう**のだ。だが、反省とのバランスが正しくとれていないまま何度も業務を完遂させていれば、やり遂げてもしだいに何も感じなくなる。

「確かか？」と「どの程度確信がある？」の違い

仕事の効果を高めたいなら、思考と実行を行き来する必要がある。ところが、私たちが職場で使っている言葉は行動を促すものばかりで、思考は促さない。最初から、バリエーションを減らすことが前提となっている。

赤ワークから青ワークへの切り替えが十分でないことが多くなるのはそのためだ。それに、青ワークに切り替えられたとしても、そこでバリエーションを減らそうとする言葉が発せられると台無しになる。

必要に応じて赤から青へと仕事のモードを切り替えるには、言葉を変える必要がある。

たとえば尋ね方として、「確かか？」と「どの程度確信がある？」ではどんな違いが出るだろうか。

前者では、回答する側には認知能力はほとんど必要ない。「はい」か「いいえ」の二択で回答すればいいからだ。一方、「どの程度確信がある？」という尋ね方では、認知能力的にも負担が増えるし、回答の幅も広がる。

では、「それでいいか？」と「見落としていることは何か？」なら、どうだろうか。

前者の質問は、話し合いから決定へと導くもので、ものごとを先に進めたい、時計に従いたいという欲求を満たすものだ。

一方、「見落としていることは何か？」という質問は遅れを生む。時間を無駄にしているような気持ちにさせられる。

赤ワークでは、次のような言葉がよく使われる。

◆「やり遂げろ！」
◆「現実にしよう」
◆「これを終わらせよう」
◆「計画どおりに進んでいるか？」

青ワークでよく使われる言い方「君はどう思う？」

青ワークを行うときは、意識を向ける対象を広げ、静かに内省し、他者の視点や考えに興味を持ち、現実的な選択肢を増やすことが有効だ。

青ワークは意思決定をはじめ、認知能力を使う仕事である。それは頭のなかで行われ、目に見えない。そのため、観察や追跡は困難だ。指ひとつ動かさなくていい仕事かもしれないが、精神的な負荷は高い。長時間にわたって青ワークに従事していると、かなり消耗する。

青ワークでは次のような言葉がよく使われる。

◆「君はどう思う？」
◆「これについて、われわれはどの程度準備ができている？」
◆「もっといい方法をとれないか？」
◆「学んだことは何か？」

こうした言葉は、発言の割合にどのような影響を及ぼすのだろう？

赤ワークの例であげた問いかけは、単純に同意するか、「はい／いいえ」で答えるかのどちらかになるので、発言の割合は当然偏る。会話の参加者（立場が低い人）で、ほぼ発言しない人が、少なくとも1人はいる。発言する必要がほとんどないからだ。

一方、青ワークで使う問いかけは、チームのメンバーから長い回答を引き出す。その結果、赤ワークに比べると、発言の割合が均等に近づくので、会話の偏りは小さくなる。

チームが青ワークをうまく取り入れるようになるほど、チーム内の発言のバランスがよくなるだろう。

青ワークと赤ワークのバランスが大事

私たちはビジネス以外でも、あまり深く考えることなく青ワークと赤ワークの切り替えを定期的に行っている。

たとえばＯＷＳ（オープンウォータースイミング）では一般に、大きなオレンジ色のブイが泳ぐコースの目印となる。頭を下げ腰を浮かせて泳ぐと速く進むが、その姿勢では自分がどこに向かって進んでいるかはわからない。

だから泳者はときどき、水面から顔を上げて自分の位置を確認する。ブイを見つけて進行方向を調整するのだ。その工程は、

（1）ブイを目でとらえ（青ワーク）

（2）しばらくそれに向かって泳ぎ（赤ワーク）
（3）顔を上げて自分の進路を確認する（青ワーク）

と、青―赤―青という一定のリズムを生み出す。頭を下げた状態を長く続ければ、総じて泳ぎは速くなるが、コースからはずれる恐れがあり、そうなれば、速く泳いでリードしたぶんが帳消しになる。

この水泳の例は私のお気に入りで、決断を下してからものごとを動かすビジネスもまったく同じだと言っていい。

ビジネスは本来、中断とか、振り返りといったものを、生産の邪魔とみなして避けたがるものだ。ＯＷＳの泳者と同じように速く進もうとするが、正しい方向に進んでいるとは限らない。かといって、活動を止めて考える頻度が多すぎると、余計な干渉が増えてパフォーマンスの低下を招く。

人はなぜ「手順の奴隷」になりやすいのか

エルファロでの意思決定（青ワーク）には、嵐にさらされる直進ルートをとる、進路変更が可能なラムケイ地点を通過しても同じルートを進み続ける、という決断が含まれていた。

そして実行（赤ワーク）には、荒海のなかで動力装置に潤滑油を送るシステムを操作する、積荷を守る、船体に生じた荒波の影響に対処する、などが含まれていた。

いまとなっては確かなことはわからないが、船員たちが実行の部分でミスを犯した可能性はある。とはいえ言ってしまえば、この貨物船の運命は、最初に下された決断によって定められたも同然だ。彼らの結末は、「どれだけうまく航海できるか」ではなく、「直進ルートを進み続けるかどうか」にかかっていたのだから。

エルファロの船長も船員も、この2つを別々に決断するものだととらえていなかった。その証拠に、船長は嵐にさらされる直進ルートをとると宣言している（この発言には、目的地のプエルトリコまでルートを変えないという意味合いが暗に含まれていた）。

これは言わば、ＯＷＳで一度だけブイを見て泳ぎ出し、その後二度とブイを見ないのと同じだ。

組織、それも発電所や病院、製造工場など、工程が非常に重視される組織では特に、赤ワークで起きるミスばかりが注目され、青ワークでのミスはあまり問題視されない傾向が見受けられる。

さらに深刻なことに、赤ワークと青ワークの構造的なバランスの悪さが気にもとめられていない。

なぜそうなるかというと、赤ワークの実作業上のミスはすぐに明らかになるからだ。機長が自動操縦機器の操作を誤る、患者に間違った薬が投与される、発電所の操作員が切るべきブレーカーを間違うといったことは、ミスが起きたとすぐわかる。

トラックが故障した。悪いのは運転手か？

一方、**意思決定における間違いは明らかになりづらく、評価するのも難しい**。エルファロの船員は、船が沈む間際になるまで、航海の初期に嵐にさらされる直進ルートをとったことが間違いだったという確信を持てなかった。

これはどんなビジネスでも同じだ。

トラック運送会社では、管理職（青ワーカー）が積載量、時間、場所に関する決断を下す。トラックのメンテナンスについても管理職（青ワーカー）が決める。トラック運転手（赤ワーカー）は、事前に決められたルートを走り、事前に決められた場所から事前に決められた荷を積んで運ぶだけの仕事に追いやられる。

これぞ、青ワークを青ワーカーに、赤ワークを赤ワーカーに分断して割り当てる典型だ。

では、**トラックが道路で故障したらどうなるか？　責めを負うのは運転手だ**。故障は運転の際に起きるものだが、原因を突き詰めると、トラックのメンテナンス計画や積載量の決め方に問題があった可能性が高い。

次にあなたの会社で問題が起きたときは、こんなふうに考えてみてほしい。それは単に実作業上の問題なのか、それとも**過去（おそらくはそれなりに時間がたっている過去）に、その問題が生じやすくなるような決断があったのではないかと。**

ストレスの活用法を間違える残念な経営者

赤ワークには認知的な負荷はかからないが、青ワークにはそれがかかる。そのため、ストレスの影響は赤ワークと青ワークでまったく異なる。

赤ワークにとっては、締切や刺激といった外的な圧力がプラスに働く。プラスとまで言えなくても、少なくともマイナスの影響は生まれない。

ところが青ワークが外圧にさらされると、あっという間に悪影響が生まれかねない。ストレスは、認知能力を消耗させる。熟慮の思考をつかさどる前頭前皮質が酷使され、爬虫類脳と呼ばれる脳の原始的な部位の活動が活発になるのだ。

産業革命期は、ひとりで反復して行う肉体作業に労働者の仕事を落とし込むことがすべてだったので、経営者は労働者のモチベーションを上げるために、ストレスを与えるようになった。

慢性的にストレスがかかる状態が続けば、心身の健康が損なわれるが、作業を終わらせることしか頭にない経営者にとっては、それは短期的な効果の高いテクニックのひとつとなる。

残念なことに、**経営者たちは、ストレスを与えても効果がない青ワークを行う労働者にもストレスを与える**。

ストレスは前頭前皮質の働きを阻害する。すると脳の活動は、脳内でもっとも古い部位である爬虫類脳に支配され、原始的な本能しか働かなくなる。

爬虫類脳は、逃走、闘争、静止を使って自らを守ろうとする。自己防衛を重視するのだ。

厄介な問題を抱えているチームにリーダーがストレスを与えると、チームのメンバーは爬虫類化する。そして、和を乱す言動をとるようになり、他者の意見を汲もうとしなくなり、独創的な意見が出なくなる。

だがリーダーは、なぜそうなるかを理解できない。そういうふるまいをとらせたのも、そういうふるまいに通じる気持ちにさせたのも、まさにリーダーだというのに！

状況に応じて、思考心理を使い分ける

人はストレスに打ちのめされると、助けを求めることに抵抗を覚える恐れがある。そうなると、パフォーマンスの足を引っ張りかねない「自衛」の思考心理が生じる。

証明の思考心理と自衛の思考心理

パフォーマンス（何かを実行するとき）の思考心理には2つの側面がある。ひとつは**自分の能力をまわりに証明したいという証明の思考心理**（「自分にならできる」）、そしてもうひとつが、**自分の無能さが露呈することから自分を守りたいという自衛の思考心理**（「自分の能力のなさを誰にも知られたくない」）だ。

証明の思考心理はいい部分を知らしめたいという動機から生まれ、自衛の思考心理はダメな部分を隠したいという動機から生まれる。

証明の思考心理を言葉で表すとこうなる。

◆「やったぞ！」

◆「できると見せつけてやるんだ！」

◆「決まったな」

一方、自衛の思考心理は次のようになる。

◆「あれは自分らしくなかった」

◆「いや、自分は大丈夫」
◆「時間の許す限り精一杯やった」

赤ワークと相性がいいのは証明の思考心理

短時間で赤ワークに一気に取り組むとき、証明の思考心理はパフォーマンスの向上を促す。この思考心理になると、最終目標に集中し、気が削がれることをシャットアウトし、自分の認知能力を「やり遂げる」ことに捧げようとするからだ。

1回限りの作業や、短期間で行う小さなタスクは、証明の思考心理と相性がいい。だが、ミスを避け能力のなさを隠す動機から生じる自衛の思考心理は、同じように機能しない。ミスをしない最善の方法は「何もしない」ことなのだから当然だ。**ストレスのせいで自衛の思考心理に陥っている組織には、何もしないでおこうとする姿勢が表れる**。つまり、パフォーマンスを重視するときにふさわしいのは、（自衛ではなく）証明の思考心理ということだ。

証明の思考心理は「証明と実行の思考心理」と呼んで差し支えないので、こちらの名称をパフォーマンスの思考心理のひとつとして覚えておくといい。

青ワークと相性がいいのは改善の思考心理

一方、赤ワークの対極にある**青ワークの目的は、学習し成果を改善すること**にある。よって、青ワークは「改善の思考心理」と相性がいい。

改善の思考心理は、批判やフィードバックを歓迎し、広く求める。その開放性によって、過去の働きに縛られることなく改善に向かうことができるのだ。

改善の思考心理を言葉で表すとこうなる。

◆「どうすればもっとよくなるか？」
◆「どうすればもっとうまくできるようになるか？」
◆「何を学んだか？」

仕事をするときは、その作業に適した思考心理を働かせられるようになることが肝要だ。まず、どんな仕事のときも、自衛の思考心理になることは避ける。そして、赤ワークのときは証明の思考心理、青ワークのときは改善の思考心理にならないといけない。

そうなるために必要となる言葉はそれぞれ違う。証明と改善の違いをきちんと理解することは、仕事の効果を高めるうえで不可欠であり、だからこそ「改善」を新たなやり方のひとつに含めた。改善については第7章で詳しく取り上げよう。

赤ワークの言葉では「改善の思考心理」になれない

青ワークと赤ワークでは脳の使い方が異なる。リーダーとしてのふるまいや思考心理も明確に異なるほか、なんといっても使う言葉が変わる。使う言葉の種類や職場でのものの言い方に目を向けると、現状使われている言葉は、赤ワークに向けられるべきものがほとんどを占めている。例をあげよう。

- ●知識産業の企業なのに「会議は全員参加が義務」になっている。
- ●企業に属する社員が、「リーダーと部下」「ホワイトカラーとブルーカラー」「経営陣と労働者」「非組合員と組合員」というように二分されている。
- ●パフォーマンス重視の「なせばなる」という精神をチームに求めている。
- ●上司が命令し、部下が報告する仕組みができあがっている。

あなたにとって自然に聞こえる言葉は、赤ワークに最適な言い方として生まれたものだと思う。青ワークに正しく取り組むには、必要に応じて言い方を変える必要がある。

赤ワークに適した言葉を青ワークで使ってしまうと、青ワークが果たすべき役割、すな

赤ワークの特徴	青ワークの特徴
・実行することであり、時間厳守の正確さが求められる	・考えることであり、認知能力を使うことが求められる
・時計のプレッシャーがストレスになり、赤ワークに「支配される」	・費やした時間は評価対象になりにくい。創造力の活用と意思決定を行う
・証明と実行の思考心理になる。意見の多様性は敵となる	・改善と学習の思考心理になる。意見の多様性は歓迎される

わち、バリエーションを歓迎し、改善の思考心理を育むことができない。

エルファロの悲劇に話を戻すと、すべての行動、すべての会話が赤ワークに根ざしていた。

天候が悪化したとき、船内は赤ワークから青ワークに切り替える必要があった。具体的には、「直進ルートでサンファンへ向かう」から「どのルートでサンファンへ向かうべきか」、もっと言えば、「このままサンファンへ向かうべきか」と考えるモードに切り替えるべきだった。

高級船員たちは船長にハリケーンについて報告し、ラムケイで迂回路に入ることを勧めたが、その青ワークで彼らが使った言葉は要領を得ないもので、「あの」「えー」といったつなぎの言葉や、自分の意見を否定するような語句を多用した。

聞くに堪えないたどたどしい物言いで、言いたいことが相手に伝わらなかった。

青ワークとしてなすべきことを何もしなかったのだから、伝わらないのは当然だ。**なぜ彼らは何もしなかったのか?**

青ワークのやり方を知らなかったからだ。彼らは赤ワークのやり方しか知らなかった。青ワークができなかったのは船長も同じだ。船員たちが明らかに懸念や猜疑心を抱いているにもかかわらず、赤ワークのやり方にとらわれた。そして彼もまた、自分が唯一知っている、赤ワークにだけ効果的な言い方を使って対応した。

そうなった原因は、船長や高級船員にあるのではない。**問題は時代遅れのやり方にある。赤ワークと青ワークを融合したアプローチが取り入れられていないことが問題なのだ。**

最初に取り組むのは「時計を支配する」こと

本章の冒頭で提示した質問に話を戻そう。研修に参加するほぼすべての管理職が、バリエーション（意見のばらつき）を減らす作業に飛びつくのはなぜか？

産業革命という背景に照らせば、理由はすぐにわかる。その当時からずっと、「バリエーションを減らすこと」が仕事の目的になっているからだ。

この状況を変えるには、古いやり方に取って代わる、新たなやり方が必要となる。新旧のやり方の違いを、次ページの表にまとめておいた。

みなさんには、**まずは「時計を支配する」ことを身につけてほしい。**すべてはここから始まる。

産業革命期の古いやり方	これからの新しいやり方
①時計に従う 時間どおりに仕事を終えることを何より優先すること。限られた時間の中でできるだけ多くを成し遂げなければならないというプレッシャーが常にかかり、赤ワークをやめられなくなる	**①時計を支配する** 適切なタイミングで仕事の中断や小休止を言い出せるようにしておくこと。赤ワークのプレッシャーから脱して、青ワークに移行することが容易になる
②強要する リーダーが、命令する、操る、刺激を与える、やる気を起こさせる、といったことを通じて、自分のやらせたい仕事を部下にさせること。部下による異論を封じてしまう	**②連携をとる** 上司、部下を問わず、他者から学ぶことで、仕事の仕方や成果、製品、アイデアをより良いものにしていくこと。青ワークの精度を上げることができる
③服従する 部下が、命じられたとおりに行動すること。次第に、命じられたことしかしなくなり、部下から思考力と責任感を奪う。「言われたとおりにやっただけです」という言い方に表れる	**③責任感を自覚して取り組む** これから何をするかを自分で考え、それに専念すること。作業をこなすことよりも、その作業の背景にある目標の達成に意識が向いて、当事者意識が喚起される
④終わりを決めずに続行する 赤ワークをひたすら続行すること。組織が間違った方向に進み始めたり、売れない製品をひたすら作り続けたり、といった問題が発生する原因となる	**④事前に定めた目標を達成したら区切りをつける** 赤ワークを終えること。立ち止まって自分たちが成し遂げたことを振り返り、労う。赤ワーク、青ワーク、赤ワークの適切なリズムを生み出すことができる
⑤能力を証明する 能力の高さを証明する、または能力のなさを隠すことを最優先にすること。人は「優秀であろうとする自分」モードに入ってしまったときにこうなりやすい	**⑤成果を改善する** 赤ワークを終えた後で、学んだことを振り返り、現状の計画や工程、設計の改良を行うこと。成長したいと願う「もっとよくなりたい自分」モードで行われる
⑥自分の役割に同化する 序列の中での立場と自分を同化してしまい、他者のやることや仕事の目的、成果に関心を持たなくなってしまうこと。弱さを隠すようになり、上記①〜⑤の問題点を助長する	**⑥垣根を越えてつながる** 他者を気にかけ、権力の勾配を緩くすること。「他者のため」ではなく「他者と同列の立場」での行動を心がけることで、上記①〜⑤のやり方の有効性を高める

第3章

時間に追われて進路を間違えそうになったら

——現場から中断の声をあげやすくする方法

産業革命期に生まれた労働の配分は、青ワークに就く人はごく少数で、大半の人が赤ワークに従事するというものだった。

誤解しないでもらいたいのは、**赤ワークがトラブルを招くのではない**ということだ。問題は労働の配分のほうにある。この配分によって、赤ワークだけを行うことを期待される赤ワーカーが生まれることが問題なのだ。

赤ワークは融通が利かないが、青ワークは状況への適応を可能にする。ただし、時計に従うことをやめ、時計を支配できるようにならない限り、赤ワークから青ワークに移る機会は生まれない。

よって、ここで考えるべきことは、**「悪いのは誰か?」**ではなく、**「悪いのは何か?」となる**のが正しい。そしてその答えは、産業革命期に生まれた「時計に従う」やり方を身体に組み込むこと、となる。

時計を支配するための４つの方法

組織は昔から、社員が声をあげることを後押ししている。そのために、講義やポスター、自己主張の研修などに投資もしている。

だが、いまあげた対策はどれも、声をあげにくくしている根本原因の解決にはならない。声をあげにくいという障害に立ち向かう後押しをしているだけだ。**本当に必要なのは、障害そのものを取り除くこと**だ。

リーダーとしてそれを成し遂げるには、時計に従うのをやめて時計を支配し、そのためのツールをメンバーに提供する必要がある。

「時計を支配する」には次の４つの方法がある。

1．中断を阻止するのではなく、中断できる環境を整える

2. 言いたいことがあれば口にするはずだと期待するのではなく、中断のための言葉や合図を決めておく
3. 赤ワークの続行を推し進めるのではなく、中断の兆しをとらえ、自ら呼びかける
4. 誰かが中断の合図を出すまで待つのではなく、中断するタイミングを事前に決めておく

それではひとつずつ見ていこう。

方法1　中断できる環境を整える

産業革命期のやり方に従うリーダーは、中断せずに働き続けるように人々を条件づけする。「中断」によって生産が止まれば、それは遅れとなる。よって、工程表上では「無駄」となり、排除すべきものとみなされる。

ほとんどの組織では、自発的に動く人、すなわち素早く決断し、すぐさま実行に移す人が出世する。私もそういうタイプなので、海軍で昇進した。周囲を急き立てたり、丸め込んだり、やる気にさせたりしてものごとを終わらせることが得意だったおかげだ。

私は自然と、それがリーダーとしての役割であり、自分はものごとを終わらせるのがほ

かの人よりうまいと感じていた。

遅れを最小限に抑えたいときは、チーム全体としてやらなくてはいけないこと、各自に期待している貢献の度合い、そして周囲から私たちがどれほど頼りにされているかを口頭で伝えるようにしていた。

私は、まさに中断を阻止していた。チームを赤ワークに専念させ、赤ワークから抜け出すハードルを高くする目的で、先のようなことを口頭で伝えていたのだ。

エルファロの船長の場合は、次のような言葉で中断を阻止している。

◆「今回は耐えるしかないな」

◆「あらゆる天候の可能性から逃れるなど不可能だ」と言い、「大変だ、大変だ」と取り乱した船員のモノマネを続けた。

◆「嵐に突っ込むのですか？」と尋ねた船員への返答が、「ほかにどうしようもない」だった。

中断する時間はある、と示す言い方

1986年1月のある寒い朝、スペースシャトル「チャレンジャー」が発射74秒後に爆発するのに先立って、NASAの幹部らは中断を阻止する行動をとった。

この宇宙飛行は、ＮＡＳＡの一大プロジェクトだった。レーガン大統領はその晩に一般教書演説を行う予定だった。だが、爆発を受けて演説は１週間延期された。大統領はおそらく、その偉業について語るつもりだったのだろう。

１９８６年は「スペースシャトルの年」となるはずで、毎月シャトルを発射する予定だった。だが、その年の最初の月から、ＮＡＳＡはすでに目標達成の危機にあった。１月の発射が計画より遅れて28日になり、危うく2月にずれ込むところだったのだ。

ロケットブースターを製造する会社の技術者から、寒波のため再度発射を遅らせてはどうかとの提案があった。それを聞いたＮＡＳＡの幹部は肝をつぶした。

「何だって！　いつにしろというんだ。4月か！」と叫んだ人もいたという。

大げさな感情表現、非現実的な喩え、憤慨。

ＮＡＳＡの幹部たちは、時計に従うことで頭がいっぱいだった。そして、中断を阻止しようとした。

だが、リーダーという立場にある人は、意思決定、新規事業の立ち上げ、飛行、手術を控えたミーティングといった場において、チームのメンバーに対して「中断する時間はある」と念を押すべきだ。たとえばこんな具合だ。

◆「これを正しく行うための時間は十分にある」

◆「これが重要な節目になると聞いていると思う。確かにそれは事実だが、安全に行えない可能性があるなら、延期したほうがいいと思っている。その責任は私がとる」
◆「必要だと思ったら、いつでも中断を呼びかけてくれ」
◆「スピードを遅らせる必要があるという警告は、誰が発してもいい」

建設現場の監督の言い方を評価する

それでは、よくある仮想例を見ていくとしよう。

建設現場で、悪天候が予報された日から作業を開始することが決定した。作業チームはいつもどおり、上層部から言い渡された期日に間に合わせるプレッシャーを抱えている。敷地造成で遅れが出たため、すでに予定より遅れていると誰もが自覚している。そんななか、現場監督は次のような言葉をチームに投げかけた。

a.「今日も安全にいこう」
b.「今日のノルマをこなすぞ」
c.「12時に確認にくるからな」
d.「少しの雪ぐらいでひるむなよ」
e.「危険につながる変化に気づいたら、メールで知らせてくれ」

f．「嵐がちょっと気がかりだな。いまから作業を始めるが、12時にあらためて検討する。それに先駆けて、11時30分に現場の状況を確認したい」

いまあげた言葉を順に検証し、チームのメンバーから中断の声があがりやすくなるものかどうかを5段階評価で採点してみよう。

a．「今日も安全にいこう」　**3点**

曖昧すぎて何の意味も持たない。それに、安全な環境づくりの責任を、作業する人々に転嫁しているとも言える。現場の作業員に、基本的な安全対策をどうにかする権限があるとは思えない。よく言ってもせいぜい、赤ワークから脱する難易度を上げる効果は生まないというものでしかない。

b．「今日のノルマをこなすぞ」　**1点**

これは中断を阻止する言葉だ。チームは赤ワークモードに追いやられ、証明の思考心理に陥るので、意見のばらつきが減る。このように言われたら、中断を提案するのはいっそう難しくなる。

c.「12時に確認にくるからな」 **3点**

これは「確認」の意味による。進捗具合を確かめるという意味なら、作業員たちは審判を下されるように感じ、赤ワークモードにいっそう追いやられる。一方、作業員の満足度や赤ワークを脱する必要性を確かめるという意味なら、中断を口にしやすくなる。

d.「少しの雪ぐらいでひるむなよ」 **1点**

この警告は、作業を中止すべきほどに天候が悪化しても、中断を切り出しにくくさせるものだ。エルファロの船長が、「ちょっとの天候の荒れ」で迂回路をとるのかと船員をからかった言葉に相当する。

e.「危険につながる変化に気づいたら、メールで知らせてくれ」 **4点**

この言葉は、懸念の共有をチームに促す。中断が必要だという合図を送るハードルを下げるだけでなく、合図を送る手段も提示している。また、状況の変化に気づいたら知らせてほしいとしているので、危険な状況になるまで待たなくてもよい。

f.「嵐がちょっと気がかりだな。いまから作業を始めるが、12時にあらためて検討する。それに先駆けて、11時30分に現場の状況を確認したい」 **5点**

責任者が率先して弱さを見せれば、チームのメンバーは抱えている不安を言い出しやすくなる。加えて、12時という次の決断ポイントを設定し、11時30分に予備評価を下すことも伝えている。これにより、作業員たちは自ら天候について考え、のちの判断に役立つ情報を集めようとする。計画の対象となる期間を短くすれば、赤ワークに取り組む時間も短くなるということを忘れないでほしい。

方法2　中断のための言葉や合図を決めておく

赤ワークに入りこんでしまうと、人はパフォーマンス（証明または自衛）の思考心理に陥りやすくなる。

赤ワークの完遂という目標にフォーカスが絞られ、視野が狭くなる。時間がないという切迫した感情や、やり遂げることへのプレッシャーも感じているかもしれない。自分の任務をやり遂げることで頭がいっぱいになるのだ。

赤ワークに着手する前の段階から、「赤ワークに取りつかれた状態」にならないように気を配る必要がある。そのためには、**作業の中断を提案したいときに誰でも使える言い回しや合図を事前に決めておくとよい。**

言い方が決まっていれば、チームのメンバー、リーダーのどちらからでも、赤ワークから脱する必要があると発信できる。

作業の中断を呼びかける合図の例をいくつか紹介しよう。

- 「タイム」と言う。
- 「ハンズオフ」と言う。
- イエローカードを掲げる。
- 手をあげる。

中断は「レジリエンスの実践」

原子力潜水艦サンタフェでは、「ハンズオフ」というフレーズを使っていた。最初のうちは、「ハンズオフ」と呼びかけることにためらいがあり、声をかけられた乗員は身構えることが多かったが、練習を通じてそれらを克服した。**練習の目的は、乗員がその言い回しに慣れて、中断を呼びかける行為を恥だと思わなくなることと、中断を呼びかけられたときの対処の仕方を身につけること**だった。

不必要な中断だった（差し迫った問題はなかった）と判明したときに、呼びかけた人をからかったり、「間違ったな」と責めたりすれば、その後誰もが中断を呼びかけづらくなる。

サンタフェでは中断のことを「レジリエンスの実践」と呼び、**中断によって問題が見つかってもそうでなくても、どちらでもかまわない**としていた。

中断する必要がないのに中断したことは無駄？

では、あなたの職場で基本となる前提に誰かが疑問を抱き、手をあげて、プロジェクトや業務の流れをとめたとしよう。そして調査の結果、その前提は実際に正しく、何ひとつ変えずに続行できると判明したとしよう。

この中断に対し、あなたやあなたの職場の人たちはどのような反応を示し、その中断のことを何と呼ぶだろうか？　また、中断を呼びかけた人に対してどのような態度をとるだろうか？

私のワークショップで参加者にこの質問を投げかけると、どのグループも一様に、その中断は「不要なものだ」と答える。そして呼びかけた人のことを、「間違っていた」または「ミスを犯した」と描写する。

こうしたものの見方こそ文化的な弊害であり、「何かに気づいた人が何か言う」ことを難しくする。こういう見方をする必要はない。文化は人がつくるものだ。

中断を間違いやミスと呼ぶのはやめるべきだ。中断は中断でいい。欲を言えば、レジリエンス活動やバックアップと呼ぶのはどうだろうか。

本当のところ、**不必要な中断というものは存在しない**。中断が正しかったかどうかは関係ないのだ。１００パーセントの確証が持てなくても、いつでも誰もが安心して中断を言い出せる文化を構築することに照らせば、呼びかけられた中断はすべて必要な中断である。

特定の合図を使う練習を繰り返すうちに、リーダーは合図への対処の仕方を学習する。また、練習を通じて、中断を呼びかけられたときの不安がなくなっていく。

方法3　中断の兆しをとらえ、自ら呼びかける

チームでの活動中に、予期せぬことが目に入った人には、中断を呼びかける責任が生じる。だが、実際に行うのは難しい。

理由はいくつかある。

１．ストレスを感じているせいで、赤ワークにとらわれている。

２．ほかのことが目に入らないせいで、赤ワークにとらわれている。

３．時計に従わなければならないというプレッシャーを何よりも強く感じている。

４．中断を呼びかけると、問題（問題になりうる事象）に注目を集めることになる。

中断が難しい理由①　ストレスを感じている

理由①はストレスの影響が関係する。ストレスは、高次の思考をつかさどる前頭前皮質の働きを阻害する。

青ワークは高次の思考を伴うというのが赤ワークとの決定的な違いのひとつであり、ストレスは青ワークに多大な悪影響を及ぼす。

１００メートル走に出場しているところを想像してほしい。これは短い時間に肉体を使ってひとりで行うタスクの一種だ。

競技場にいる誰もがあなたに声援を送っている。声援はストレス要因となる。これはあなたの走りにどのような影響を及ぼすか？　マイナスの影響はおそらく生まれない。それどころか、声援を受けて走るスピードが上がる可能性すらある。

では今度は、複雑な判断が必要な状況にいるとしよう。自分の置かれている状況を何回かにわたって評価し、何が起こるかわからない状況の舵を取り、未来の姿を予測しなければならないとする。

そして、競技場の誰もがやはりあなたに声援を送っているとしたら、そのストレスはマイナスの影響を及ぼすだろうか？　もちろん及ぼす。**ストレスは、赤ワークから脱する必要性を自覚する能力を抑制する**。だから危険なのだ。

そういうわけで、赤ワークに従事している最中の個人やチームに中断の呼びかけを委ねるのはアンフェアであり、委ねてもあてにはできない。

中断が難しい理由②　ほかのことが目に入らない

理由②は、赤ワークが人を作業に没頭させることが関係する。生産モードにどっぷり入り込み、時間を忘れて何かに夢中になったという経験は、誰にでもあるだろう。

そうした精神状態のことを、心理学者のミハイ・チクセントミハイは「フロー」と名づけた。仕事に完全に没頭している感覚を指すと思えばいい。そうなったらどんなに素晴らしいことか！

ただしそれは、その仕事がそのときにやるべき仕事であればの話である。没頭する対象が間違っていれば、そうと気づかせる合図が必要だ。

人は赤ワークにのめり込むと、フォーカスの対象が絞り込まれて視野が狭くなる。この集中力がタスクの達成を助けてくれるのは事実だが、自己管理の機能が制限される。

時間の感覚を失うのもその一例で、食事を忘れることだってある。手をとめて別の選択肢を検討したほうが賢明なときであっても、頑なに続けようとする。

そんなとき、時計を見ながら中断を呼びかける人がいると知っていれば、より深く赤ワークに入り込むことが可能になる。邪魔が入らないかと心配する必要がないので、目の前の作業に完全に没頭でき、より効果の高い成果、創造性に富む成果、生産性の高い成果がもたらされるだろう。それに、仕事の充実度も高まる。

中断が難しい理由③　時計に従う心理から抜け出せない

赤ワークに取り組むときに、時計を支配できるようになれと人々をけしかけるだけでは、組織は大して変わらない。

赤ワークに最適な思考心理（証明の思考心理）でいるとき、人は遅れを「悪」とみなす。よって、**通常業務に追われる立場から離れていられるリーダーだけが、時計を支配する必要性を見極める精神状態を保ちやすい**ということになる。

チームに中断を呼びかけるのは、やはり、リーダーの責任なのだ。

加えて、チームのメンバーからの中断の呼びかけを歓迎し受け入れる文化を構築し、中断を呼びかける仕組みを提供することもリーダーの務めとなる。

中断が難しい理由④　問題があると知りたくない人がいる

中断を呼びかけづらくしている原因のひとつに、問題を見つけたと呼びかけても、**問題について知りたくない人が一定数いる**こともあげられる。

ロンドンのシティで233年の歴史を誇ったベアリングス銀行は、声をあげることへの恐怖が社内に定着していたことが直接の原因となって破綻した。

同行のトレーダーとして働いていたニック・リーソンは、シンガポールで活躍する花形社員だったが、チームのひとりがミスを犯すと、報告せず隠蔽することを選んだ。

８８８８８という番号（中国で８はラッキーナンバーとされている）の架空口座を使ってミスを隠し、それで難を逃れると、彼自身が出した損失もその口座に隠すようになり、最終的に損失額は８億２７００万ポンドにも及んだ。これは銀行の自己資本金の２倍に相当する額で、ベアリングス銀行全体が崩壊した。

リーダーは、チーム内からの合図に敏感でいなければならない。**定められたとおりの合図を使っていなくても、中断の必要性を察するのがリーダーだ。**

エルファロの高級船員たちは、明確な言葉を使わずに伝えようとして、たどたどしい物言いになった。他者の気持ちを汲み取れるリーダーなら、メンバーの苦悩の兆候に気づいて、中断を呼びかけるはずだ。

現場からの中断の兆候をちゃんと受け止める

明確に取り決めた中断の言葉が使われていないとしても、実は中断を求められているという状況がある。いくつか例をあげよう。

●建設現場で基礎工事を担当する労働者が、「本当にコンクリートを打ち始めていいんですか?」と尋ねてきた。現場監督はどのように中断を呼びかければいいか?

●ソフトウェア開発チームのプログラマーのひとりが、「**この機能をつけるとテストの工程が相当複雑になります**」と言った。チームのリーダーはどのように中断を呼びかければいいか?

●新技術を使った電気車両を製造するチームの若きエンジニアが、監督者の耳に届く大きさの声で、「**この新しいバッテリーはどうなんだろう。実績値は期待したより低い**」と言った。監督者はどのように中断を呼びかければいいか?

●燃えさかるビルにホースを持って入った消防チームのひとりが、「**この火災は何かおかしい。何が変かはわからないが**」と叫んだ。チームリーダーはどのように中断を呼びかければいいか?

●担当患者の様子を見てきた看護師が、看護師長に「**あの患者さんの診断が正しいか気になるんです**」と言った。看護師長はどのように中断を呼びかければいいか?

●殺菌剤を製造する施設で、新たに1万ガロン(約3万8000リットル)ぶんの生産が開始されたとき、若手の製造ライン担当者が監督者に向かって「**ここに並ぶバルブはいつもと違うものに見えるのですが**」と言った。監督者はどのように中断を呼びかければいいか?

いずれのケースも、中断を呼びかけてみなの手をとめさせ、行動の赤ワークから脱するための言葉が必要とされている。その言葉が出れば、思考の青ワークに移行できる。

現場からの中断の声に対するリーダーの答え方の例

現場からの呼びかけに対応する答え方の例を紹介しよう。

◆「早すぎると感じているようだな。君の考えを聞かせてくれ」
◆「みんなを集めて決定事項をもう一度見直そう」
◆「サプライヤーを見直す必要があるかもしれないな。実績値を示す数字はどれだ?」
◆「ここで待機して様子を見よう。みんなはどう思う?」
◆「よくわからないって顔だね。何が気になったか教えてくれる?」
◆「何が引っかかるか教えてくれないか」
◆「ほかにも何か気になることはない?」

いまあげた例では、中断の必要性に気づいて呼びかける責任が、チームのメンバーからリーダーに移っている。では、**リーダーが中断の必要性に気づかなかったときはどうなる?** 大丈夫。策はもうひとつある。

方法４　中断するタイミングを事前に決めておく

人は赤ワークに夢中になる傾向があるので、**次の中断を事前に決めておくことが予防策となる**。

たとえば、「45分のタイマーをセットして休憩を忘れないようにする」という単純なことでもいいし、もっと正式に、プロジェクトを中断する日を2週間おきに設定してもいい。戦略の再検討を年に一度行う、という具合に、頻度を抑えて中断の機会を組み込むのもひとつの手だ。

心理学に「メタ認知」という概念がある。これは、自分の思考について考えることを指す。次に中断するタイミングを事前に決めておけば、過程の観察という認知行為のためのリソースを保存する必要がなくなり、すべてのリソースを自由に使えるようになる。

時計を支配できるようになれば、前頭前皮質が解放される。また、１００パーセントの確証がなくても、アイデアや意見を共有しても大丈夫だと思えるようにもなる。これで、新しいやり方の②連携をとる（古いやり方：強要する）準備が整った。

第4章

誰もが異論を言いやすい環境を作るためには

――チームに眠るアイデアを可視化する方法

産業革命期に生まれた「時計に従う」というやり方には、チームを前に進める力がある。ただし、決定者（青ワーカー）と実行者（赤ワーカー）が分かれていたため、決定した仕事を赤ワーカーにやらせるために、説得する、丸め込む、賄賂を渡す、恥をかかせる、脅すといったことが必要になった。

これらを表すのにふさわしい言葉は「強要」だ。礼儀を重んじる社会では、この言葉はめったに使われない。実に見苦しい言葉だ。よって、動機づけを行う、刺激を与える、協力して連携するといった別の表現で覆い隠される。

「連携」という言葉が使われるときでも、実際には強要であることが往々にしてある。私だって例外ではない。あなたもきっと身に覚えがあるのではないだろうか。

「みんなはどう思う？」と「私の意見はこうだ」の違い

その根本的な原因は、赤ワーカーと青ワーカーで役割が分断されていることだ。この問題の解決策は、ひと言で表すなら**「実行する者に決めさせる」**に尽きる。

第2章でも説明したように、リーダーがチームと協力して何かを決めようとすると、選択肢を広げる部分を飛ばして、意見の収束を急ごうとする。「みんなはどう思う？」ではなく、「私の意見はこうだ。みんなそれでいいか？」といきなり尋ねがちなのだ。

会議でよく使われている言葉を見れば明らかだろう。そういう場ではたいてい、**上司が意見を提示して、周囲はその意見に同調する。上司は周囲に同意を強要するばかりで、他者の意見に関心を示そうとしない。**

望む答えに誘導する質問や、自分を肯定するための質問しかせず、異議が出れば抑えつけ、強引に合意に持ち込む。そんなものは連携ではない。連携の名をかたった強要だ。

赤ワークをやり遂げることばかり考えているリーダーがひどく消耗するのはそのためだ。その人はほとんどの時間を、人に何かを強要することに費やしているのだから。

私がここで用いる「強要」という言葉は、影響力や権力や肩書きを使う、最初に口火を切る、ほかの人より多く話す、ほかの人より大きな声で話すなどして、自分の考えに周囲を同調させることを意味する。

意思決定を行うときに避けたいのが、上司が決めたあとで、周囲にそれでいいかと確認するやり方だ。こういうやり方は、「君もあの場にいたんだから、そのときに言えばよかったじゃないか」と上司があとから言えるようにするためのものでしかない。

エルファロの船長は、直進ルートを進むと決めたのち、「あらゆる天候の可能性」に言及しようとした船員をからかった。要は、直進ルートをとるという決断に疑問を出したらこうなるぞと、先手を打って恥をかかせたのだ。

スペースシャトル「チャレンジャー」の悲劇が起きたときのＮＡＳＡの上層部の人間も、船長と同じだった。低温という厳しい条件下で打ち上げるのは危険だと訴えた技術者に対し、それは間違いだと切り捨てた。「技術者の帽子を脱いで、経営者の帽子でもかぶったらどうだ」と言い放った幹部もいたという。

「全員を参加させろ」「意見をまとめろ」は強要の言葉

上司による「全員を参加させろ」や「意見をまとめろ」といった言葉は強要だ。それらを通じて、「私が正しいのだからみなが考えを改めなさい」と説得を試みているにすぎない。だが、チームに属する人々の考えを改める必要などない。メンバーたちが、会議で決まったことをチームの一員として支持します、という態度でいる限り、彼らが違う意見を持っていたからといって、何ら問題はないはずだ。

そうでなかったら、チームはエコーチェンバー化（画一化）してしまう。素晴らしい力やレジリエンスというのは、多様なアイデアのなかに潜んでいるものなのだ。

さて、私にこう言われて、あなたは信じるだろうか？　本当にそうだと心から信じられるなら、あなたは歴史的に見て実に稀有な人だ。

というのも、人は、**自分のことは自分の意図を踏まえて判断するが、他者のことはその人の言動を通じて判断する**からだ。つまり、自分が何かを達成できなかったときは、何か外的な理由を見つけ、そのせいで自分は思うような行動をとれなかったと言い訳をする。

ところが他者が達成できなかった場合は、あの人はああだからと、その人自身のことを責める傾向がある。他者の前に立ちふさがったかもしれない外的な障害のことは、考慮に入れないのだ。

このバイアスは、連携をとる邪魔となる。というのは、連携の根底には、相手には何かを提供する用意があると信じる気持ちが必要になるからだ。

強要をやめて連携をとる4つの方法

「連携をとる」ことの目的は、視野を広げ、バリエーションを歓迎し、グループ内に存在するさまざまな知識、思い、アイデアを可視化することにある。

これには4つの方法がある。

1. 順番に配慮する。投票をしてから議論しよう
2. 自分の考えを押しつけず、周囲の考えに関心を持とう
3. 合意を推し進めず、異論を歓迎しよう
4. 指示するのではなく、情報を与えよう

方法1　順番に配慮する。投票をしてから議論しよう

思考のバリエーションを最大限に引き出すには、集団で議論を始める前に、その場にいる人の意見を個々に表明してもらえばいい。

この原理を実行に移すやり方はいくつかある。

意見表明の方法①　無記名での電子投票

ひとつは、無記名で行う電子投票だ。人数が多い、あるいはグループの心理的安全性の高さがはっきりしない場合は、無記名で電子投票を行うといい。この方法なら、上層部から圧力を受けることなく自分の思いを表明できるし、大勢から意見を集められる。**ただし投票結果は発表してはいけない**。発表すると、時期尚早に結論が固まる恐れがある。

意見表明の方法②　二択ではなく程度を尋ねる

次に、二択ではなく程度を尋ねるという方法もある。「それは安全か？」や「それでうまくいくのか？」など「はい／いいえ」でしか答えられない質問ではなく、「どのくらい安全だ？」や「どの程度うまくいくと思っている？」という尋ね方をするのだ。

そうすれば、尋ねられたほうは、「はい／いいえ」の二択ではなく、その先に起こることについてさまざまな想定を巡らせる。

つまり、**尋ねるときは「どのくらい」という言葉を使う**ということだ。感情や評価に関する質問はもちろん、何かを描写させたいときなど、ほぼどんな質問にも適用しようと思えばできる。

たとえば、「あの映画はよかったか」や「スペイン語を話せるか」と尋ねたいときでも、

「あの映画はどのくらいよかった?」や「スペイン語をどのくらい話せる?」という尋ね方ができないかと考えるのだ。

会議の場に「パーセントカード」を用意すれば、程度を表しやすくなる。1、5、20、50、80、95、99と書かれたカードをひと組として、人数分用意するのだ。

会議の場で注目すべきは、極端な意見を持つ「異端児」だ。誰よりも肯定的、または否定的な感情を持つメンバーに焦点をあててほしい。

あなたはいま、ソフトウェア製品を発表するか、さらなるテストのために発表を遅らせるかを決める会議に出席しているとしよう。

開発プロジェクトであなたが担当する部分についてはよくわかっているが、プロジェクト全体のことや、このプロジェクトが会社の戦略のなかでどういう位置づけなのかは、よくわかっていない。

会議にはあなたのほかに12人が出席している。「スケジュールどおりに発表すべきだと思う気持ちは何パーセントか?」という質問に対し、各自がパーセントカードで投票することになった。

出席者全員の手元に、7枚ひと組のパーセントカードがある。各自がカードを1枚選び、裏返した状態でテーブルの中央に置く。全員が投票を終えたら、カードを表に返す。そして極端な数字を出した人(1か99を選んだ人)に意見を尋ね、全員で共有する。

極端な数字を出した人に私が意見を尋ねるとすれば、**「われわれが気づいていない点は何か?」**や**「どういう意図でその数字を投票したのか?」**という尋ね方をするだろう。

私が以前参加した別の会議では、投票後、反対の意向を示した人たち（わずか２人だった）が、「君はどうすれば賛成に変わるんだ」とまわりから詰め寄られた。

こうした尋ね方では、２人は孤立して議論を妨害する立場に追いやられ、彼らが意見を変えて同調することを誰もが期待するようになる。これはいただけない。

心理的安全性が中程度以下の状況では、異端児の立場を正当化する質問を投げかけたほうがいいだろう。そうすれば、彼らが孤立することはなくなるし、他者の視点からものごとをとらえる練習にもなる。

自分が孤立するリスクがある状況では、人は極端な立場をとりたがらない。

弱さをさらけ出せるほどの高い信頼を要するデリケートな質問をしたいが、電子投票をするほどの人数ではない（８～10人未満）という場合は、付箋紙やA６サイズくらいのカードを用意する。

それに各自が回答を書き、裏にしてテーブルの中央に置くのだ。こうすれば、誰が何を書いたか推測できないので、正直な意見を表明しやすくなる。

意見表明の方法③　パーセントカードを同時に見せる

それから、パーセントカードを同時に見せるという使い方もある（これをやるのは心理的安全性が十分な場合に限る）。

テーブルの中央にみなのカードを集めるのではなく、全員が一斉に自分の思うカードを他者に見せるのだ。そのうえで議論を開始し、異端児に意見を尋ねる。

意見表明の方法④　複数の項目に投票する

投票の際、複数の項目に投票するという方法もある（これも心理的安全性が十分な場合に限る）。複数の選択肢からひとつを選ぶとなると、パーセントカードは役に立たない。選択肢を狭める必要があるからだ。

こういうときは、各自が好ましいと思う選択肢に投票すればいい。具体的には、各自に選択肢の３分の１の票数を与える。**たとえば選択肢が10あるときは、各自に3票ずつ与えて投票させる。**

それを集計すれば、いちばん票を集めた選択肢がわかる。この投票は、記名式、無記名式のどちらでもできるほか、電子メールを使ってもいい。

意見表明の方法⑤　指を使って投票する

指を使う投票もある（これも心理的安全性が十分な場合に限る）。要は、0～5本の指だけを使って投票するのだ。これなら、全員で一斉に投票したければすぐにできる。指を1～5本使う投票もあるが、私は0～5本のほうをお勧めする。大人数になると、1本と2本の判別に手間取るからだ。

0本というのは実にわかりやすいので、0も忘れずに加えてもらいたい。それにより、肯定・否定にかかわらず、いちばん強い感情が可視化される。

指を使った投票の活用例

指というシンプルなツールを使った投票は、次の2つの条件が満たされていれば活用できる。ひとつは、長い議論が必要となる大きな決断でないこと。そしてもうひとつは、各自が自らの意見、アイデア、考えを心おきなく表明できるだけの心理的安全性が確保されていることだ。

たとえば、建設現場でのミーティング、朝の打ち合わせ、手術に向けた事前打ち合わせ、設備を稼働させる前などに手早く確認したいときに有効だ。

このときの問いかけもやはり、二択（「それは安全か？」や「準備はいいか？」）ではなく、程度を問う質問（「どの程度安全か？」や「準備はどの程度できている？」）にすべきだ。

0〜5本の指を使う投票は、グループの気持ちを手早く確認したいとき（「休憩をとる用意はどの程度できている？」）、青ワークから赤ワークへ切り替える前の最終確認（「準備はどの程度できている？」）に使われることが多い。例をいくつか紹介しよう。

●建設現場で仕事にとりかかる前の作業員
●病院で手術を始める前の手術チーム
●飛行機が離陸する前の乗務員
●発電所でタービンを動かす前の作業チーム
●出港する前の船の乗員

会議を始めるときの問いかけ方の例

会議や打ち合わせを行うときは、次のような問いかけから始めるようにしてはどうか。

◆「全員の考えをまとめる前に、みなさんはどんな数字であるべきだと思っていますか？　各自、手元にあるカードに書いてください」
◆「議論を始める前に、みんながどう思っているか知りたい。製品の初出荷はいつにするべきだと思うか、最適だと思う日付をミーティングアプリに各自で入力してほしい」

◆「おかしいと思うことをできるだけ口にしやすくしたいと思っています。この提案を支持する気持ちはどの程度ありますか？　手元にあるカードの数字で表してください」

◆「この計画は以下の重要な前提にもとづいています。計画を進める前に、この前提は正しいとどの程度思うか教えてください」

◆「みなさんがやるべきだと私が思うことを伝える前に、私がここにいなかったら、みなさんは何をするか教えてください」

投票の実際の活用例

それでは、投票の有効な使い方を、例をあげて見ていこう。ある企業が、製品の発表を遅らせるかどうかの決断を迫られている。5日後に発表することはすでに告知ずみだ。スケジュールどおりの発表を支持する人々は、「約束を守るべきだ」「早期に市場で試してフィードバックをもらうほうがいい」「終わらせて祝杯をあげたい」などと主張する。遅らせたほうがいいと考える人々は、「重要な機能の実装が完全ではないし、小さなバグがいくつか残っている」と主張する。

決断は二択（スケジュールどおりに発表するかしないか）だが、決断に至るまでの意見は二択ではない。ここでパーセントカードの出番だ。発表を支持する気持ちをカードの数字で投票してもらえばいい（支持する気持ちが強いほど大きな数字とする）。

投票には10人が参加した。強く支持するが6票、強く反対するが4票だ。ではここから何をすればいいか？

異端児の意見に耳を傾けるのだ。少数派のほうのグループ、この場合は発表に反対票を投じた4人から、まずは話を聞く。多数派が話したあとでは、少数派は意見を言いづらくなるからだ。

グループで話し合うときに、異端児の意見を歓迎し、みなで耳を傾けることが習慣づくと、心理的安全性が十分に確保される。そういう環境下なら、みながいる前で直接、「1票だけになった人の意見を聞かせてもらえますか？」と問いかけられるだろう。

投票に参加した人々は、結果を見て初めて自分が異端児だと知る。だから、彼らに意見を求めるときは、言いたいことをまとめてもらう時間が少々必要になるかもしれないと心にとめておいてほしい。

また、極端な投票をするたびに詰め寄られるとわかると、しだいに誰も極端な数字を選ばなくなる。バリエーション豊富な意見を集め続けたいと思うなら、異端児の意見や彼らが持つ情報に心から関心を示し、彼らが安心して話せる環境を整えなければならない。

少数派が多数派に比べて極端に少ない、たとえば10人中に1人か2人だけになると、意見を言えなくなる恐れがある。そんなときは、チーム全体に向けて次のような尋ね方をするといい。

◆「こういう票が入った背景には何があると考えられる？」
◆「この票が正しいと思える根拠は何か、みんなで考えてみよう」
◆「なぜこの票が入ったと思う？」
◆「この票を入れた人に見えていて、ほかの人に見えていないことは何だろう？」

こういう尋ね方をすれば、票と票を入れた人は切り離され、全員で違う視点から考えることになる。このアプローチをとれば、自分が正しいという驕りを防止できる。

方法2　自分の考えを押しつけず、周囲の考えに関心を持とう

会議の場に、自分とは違うものの見方をする人がいるとわかったら、次に必要となるのは「関心を示す」ことだ。**その人に見えていて自分には見えていないものや、自分とは違う考えに対して関心を持つのだ。**

産業革命期に人々の身体に組み込まれたのは、自分の立場を守るという反応だった。時

と場合によってはそれをする必要があるが、**リーダーの思考心理としては、好奇心が優位に立つべきだ**。

『7つの習慣』の著者コヴィー博士も「好奇心が第一」という考えを重視していて、「まず理解に徹し、そして理解される」を第5の習慣に掲げている。

リーダーは最後に口を開く

考えを押しつけず関心を示すという姿勢には、自分の発言は後回しにすることも含まれる。社員は立場が上の人と意見を合わせようとするものなので、社内での立場が高い人ほど、この姿勢を忘れてはならない。

最後に口を開くのは、リーダーの威厳を証明するためではない。ほかの人々に自由に発言させるためである。

異端児の話に耳を傾ける

会議で反対に投票した人がいれば、彼らに発言の機会を与えよう。少人数のグループに分けて、自分と反対の意見に票を投じた人にその理由を語ってもらうのだ。

それが、意見を押しつけずに関心を示す練習になる。また、自分が関心を持っていると相手に伝わる尋ね方や、自由な形式で相手に答えさせる質問をする練習にもなる。

この機会を設けることで、批判的になったり身構えたりすることなく、違う視点に注意深く耳を傾ける構造が生まれる。

このエクササイズを活用すると、リーダーが意思決定者とならなくても、グループ内で合意を形成したり、妥協案を生み出せたりするようになるようだ。自分とは違う発想についてじっくりと考える訓練になるので、現実にありうる可能性に対する視野が広がる。

それに、このエクササイズを行うと、自分の話を聞いてもらえたという実感が異端児に生まれる。最終的に合意に至らなかったとしても、聞いてもらえたという実感があれば、最終決定を妨害したい気持ちはかなり収まる。

やってはいけない、悪い質問

いい質問は、他者の考えに興味を持つことから生まれる。質問には「悪い質問」というものがある。それは、相手のことを知りたいという気持ち以外の何かを優先する質問だ。

ここからは、やってはいけない質問を順に紹介しよう。

くどい質問

例：「テストはどのくらい終わった？　バグは本当にぜんぶ特定できたのか？　いやあ、

ちゃんと知っておきたいからさ。本当に発表して大丈夫かどうかを」

「くどい質問」をする人は、言い方を変えて同じ質問を何度も繰り返したり、問題点だと思っている部分を何度も掘り下げたりする。**質問は一度にひとつとし、質問したら口を閉ざすこと。**

ある会議の場で、こんな重役を目の当たりにした。

「このサービスを買ってもらえない理由を何としても明らかにしなくては。クライアントとのコミュニケーションに問題があるのか、彼らには使いこなせないのか、それともサービス自体に魅力がないのか、クライアントに理由を尋ねたら、彼らは何と答えるだろう？　そもそも、このサービスの成功の定義は何だ？　プロジェクトの中心は誰だ？」

2つ目か3つ目の質問あたりでもう誰もが聞く気をなくしていた一方で、この重役は参加者から何の反応もないことに心底腹を立てていた。

誘導尋問

例：「そのクライアントのニーズについて考えたことはあるのか？」

誘導尋問は、相手が間違っている、あるいは自分は正解を知っているという思いから生まれる。実際、正解を知っているが自分からは言いたくないという理由から、「相手に学ばせる」目的でソクラテス式問答を持ち出す場面を私は何度も耳にしている。これは不快で傲慢な行為だ。

そんなことはやめて、自分自身が学べる時間を生み出してほしい。**自分ではなく、相手が正しいかもしれないという前提にもとづいて、**質問を投げかけるのだ。そのためにはまず、「それについて教えてほしい」という中立的な尋ね方から始めるといい。意見の良し悪しを判断するのは脇に置き、自分にない視点や発想に関心を持つのだ。

「理由」を問う質問

例：「なぜそれをしたいと思う？」

この尋ね方をすると、相手は身構える。また、あなたが「それ」を悪い考えだと思っていることも相手に伝わる。こういう場合は、相手の考えに対する判断はひとまず保留にし、シンプルに**「それについてもっと詳しく聞かせてほしい」**と言うのがいちばんだ。あるいは、「そう決めた経緯は？」や「その問題についてどう考えている？」と尋ねてもよい。

二択の質問

例：「発表していいのか？」や「それでうまくいくのか？」

二択の質問は、相手の反応を「はい」「いいえ」のどちらかに限定する。尋ねるほうにとっては便利だが、答えるほうは困る。ある意味、「はい」という返事を引き出すことで、答えた側に成功の責任を負わせているとも言える。この手の質問はしょっちゅう耳にする。「それで大丈夫なのか？」も同じだ。

二択の質問はやめて、「何」や「どう」という言葉を使って質問しよう。これらの言葉を使うと、二択の答えを求めることは絶対にできない。

たとえば、「どう大丈夫なのか？」や「発表の準備はどのくらいできている？」。「何」を使うなら、「失敗するかもしれないものは何だ？」や「発表の準備が整うには何が必要だ？」という具合だ。

「何」や「どう」を使って質問するというシンプルなルールを用いると、質問の内容と、答える側から提供される情報の質が大幅に向上することがわかっている。

自分を肯定する質問

自分を肯定する質問は二択の形を取ることが多く、同意を無理にでも得たい、すでに下された決断が正しかったと実感したいという特殊な動機が潜んでいる。

たとえば、「発売していいんだよね？」という具合だ。

会話記録を聞くと、エルファロの船長も何度かこうした質問を投げかけている。

自分を肯定する質問には、自分の思いが正しいと証明したいという意図がある。その真意は、**現状を明らかにすることではなく、自分がいい気分になることだ。**

◆「そうでしょ？」
◆「納得できた？」
◆「必要なものは揃っているよね？」
◆「すべて問題ない？」

自分を肯定するのではなく、**質問を通じて自分を高めることを目指すようにすれば、受け入れがたいと感じる情報を話題に持ち出しやすくなる。**

私はそうした類いの質問を、「自分を肯定する」ならぬ「自分を教育する」質問と名づけた。いくつか例をあげよう。

◆「私が見落としていることは何？」
◆「何についてもっと知りたい？」
◆「うまくいかないかもしれないと思うことは何？」
◆「何をすればもっとよくなると思う？」

攻撃的な質問

例：何か言われたとたんに「では何をすべきだ？」と問い返す

このような尋ね方では、相手の準備が整わないうちに未来についての決断を下させることになるので、相手を責められたような気持ちにさせる恐れがある。

発言を促したいときは、相手が安心感を得られるところから話を始め、徐々に不確かなことや弱点に話題を移していくといい。それには、**「停止、巻き戻し、早送り」のテクニックを覚えておくと便利だ**。

まずは**「停止」**から。これはシンプルに現状を把握するという意味で、「状況は？」や「君の目にはどう映っている？」などと尋ねる。この質問に答えるときには感情がかかわらないので、安心して状況を描写できる。また、尋ねられたときに「それなら自分にわかる」という実感もわく。

その人の目に映る状況を聞かせてもらったら、次は**「巻き戻し」**だ。要は、現状に至った経緯を振り返るのだ。よって、「どう現状に至ったのか？」や「こうなる前に何が起きたか？」などと尋ねる。過去は現在に比べて不確かな要素は多いとはいえ、限定的だ。

そして最後が**「早送り」**だ。次に何が起こるか、みなが何をすべきかという未来に目を向ける。

早送りをするには、いちばん理解が足りない部分について評価する必要があり、理解が足りないのだから間違っている可能性が高い。つまり、ここではもっとも弱い部分をさらけ出すことが求められる。

「何をすべきか?」といきなり問い詰めたら、「わかりません」という答えしか返ってこないだろう。停止、巻き戻し、早送りという過程を通じて、弱みに感じない部分から徐々に弱みに感じる部分へと話を移していくようにしたい。

方法３　合意を推し進めず、異論を歓迎しよう

仮に、意見を尋ねるべき異端児がいなかった場合はどうすればいいのか? グループがつねに一致団結したらどうなる? そんなときに必要となるのが、「合意を推し進めず異論を歓迎する」ことだ。

集団の英知がつねに優れた結果を出すとは限らない。たとえば、アンカリングや同調圧力が働く恐れがある。

前に、望むと望まざるとにかかわらず、最初に誰かが口にした数字がグループの意見を引っ張る例を紹介した。それとは違う数字に修正しようとする人も出てくるかもしれないが、基準はつねに最初に発表された数字となる。

グループの意見から大きくはずれた数字を思い浮かべた人は、多数派に近い数字に意見

を合わせるか、何も言わないので、グループから多様な思考が失われてしまう。

あえて異論を持ち込み、安心して反対できるようにする

グループの多数派による意見が形成されると、少数派が異論を唱えるのはとても難しくなる。**ときには、積極的に異論を持ち込む必要があると覚えておくといい。**

私のチームでは、黒と赤のカードを使って異論を持ち込んでいる。それは異議カードと呼ばれていて、カードの割合は5対1。黒が5枚なら、赤は1枚となる。この6枚のカードを切って各自に1枚ずつ引かせる。そして赤を引いた人は、異議を唱えなければならない。

そういうルールだから、としておくと、異議を唱える必要性が生まれ、安心して他者と違う意見を口にできるようになる。カードのせいで異議を唱えるのだから、和を乱すことにもならない。

黒を引いた人でも異議を唱えたければそうしてもいいが、それは義務ではない。黒のカードは、赤を引いた反論役の発言に対するあるべき態度を想起させるためのものだ。黒を引いた人は、反論役の意見を抑え込もうとせず、積極的に関心を示すことが求められる。

異議カードは、グループの議論のあり方を変えるためのツールだ。心理的な安全性が低く「異議を唱えづらい」状況を、心理的な安全性が高く「異議を唱えやすい」状況に変え

るときに使う。

異議を唱える時間が会議の一部となり、異議を抑えつけずに関心を持って耳を傾けることが当たり前になれば、カードを使う必要はなくなる。

異議についてもっと詳しく知りたいと示す言い方

異議を提唱すれば不和を招く人物とみなされる、と恐れる気持ちがあると、人は異議を唱えないでおこうとする。とはいえ、異議をうまく活用している組織もある。

組織にとっての最善を思って異議を唱え、その意見に積極的に耳を傾ける人々がいる組織では、異議が出ても和を乱されたという感情は生まれない。それどころか、ある種の興奮や活力が生まれる。

「さあ、面白くて新しいことが始まるぞ」と、前のめりに両手をこすり合わせるような感覚になるのだ。

反論役に対するほかのメンバーの態度は、異議の導入を続けていくうえで重要な意味を持つ。異議が出たときに備えて、異議についてもっと詳しく知りたいという態度を示す練習をしたほうがいい。抑え込もうとするのは厳禁だ。

反論役と口論したり、その意見は間違いだと諭したりするのではなく、興味を持って質問してほしい。例をいくつかあげよう。

◆「その意見が生まれた経緯を教えてくれないか？」
◆「もっと詳しく聞かせてほしい」
◆「そう考えるようになったきっかけは何だったの？」

ほかにも、方法2の「自分の考えを押しつけず、周囲の考えに関心を持とう」の項目で紹介した質問はどれも活用できる。**練習を重ねていけば、いずれ習慣としてグループに定着し、グループ内の文化が変わる。**これまで以上に柔軟に考えられるようになるほか、結束が強まり、よりよい決断を下せるようになる。そして、命を救えるようにもなる。

黙っている人に意見を求めるときの言い方

リーダーは、どんな会議や打ち合わせでも全体を見回し、沈黙を保っている人に気を配らねばならない。黙っている人はみなとは違う意見を抱えているもので、言い出しづらいと感じている。そんなときは、リーダーシップを発揮して次のような言葉をかけてほしい。

◆「リズ、まだ何も発言していないが、みんなと違う視点をあげるとしたら、君は何をあげる？」（こう声をかけたうえで、彼女が言いづらそうにしているなら、会議が終

わってから彼女と個別に話をするといい）

◆「ポール、君の話はよくわかった。では誰か、彼の意見に異議を唱えてくれないか」

◆「どうやらみんな、こうすべきだとの思いにとらわれているようだ。一度それは忘れて、実は悪いアイデアだと仮定してみよう。そうすると、何が見えてくる？」

要するに、会議を適切に進行しても発想が広がらないときは、発想を広げる道を探すことがリーダーの務めなのだ。**異議が出ないからといって、正しい方向に進んでいるという保証にはならない。**

決断に対して抱く自信は、そこに至るまでに広がった発想の幅に比例するべきだ。そのためには、全員の声に耳を傾けることがカギとなる。

方法4　指示するのではなく、情報を与えよう

私たちのまわりには、「手を洗いましょう」や「ドアを閉めて！」といった指示があふれている。

何かをやれと命じる行為は、連携を生むのにほとんど役に立たない。ここまで読み進めたなら、それは産業革命期に誕生した「強要」だとお気づきだろう。

その行動をとったらこうなる、と本人に体験させる

では、代わりに何をすればいいのか？　情報を提供すればいい。**行動がもたらす結果を伝えて、どうするかは本人に選ばせる**のだ。その効果を最大限に高めるには、実際にその結果を体験させるのがいちばんだ。やってはいけないことをやった人がどうなったかを目の当たりにすれば、それ以上の情報は必要なくなる。

いままでは、指示を与えることがあまりにも当たり前になりすぎた。そのため、次のようなことを口にしても、「指示を与えた」と思う人はほとんどいない。

◆「そこに停めて」
◆「その案のまま提出して」
◆「ここにあるユーザー体験談を付け加えて」
◆「その数字をもう一度チェックして」

指示ではなく情報を与える具体的な言い方

指示ではなく情報を与えるとはどういうことか。いくつか具体例をあげよう。

◆「そこに停めて」→「そこに駐車場があるよ」

◆「その案のまま提出して」→「私ならもう変えるところはないかな」

◆「ここにあるユーザー体験談を付け加えて」→「製品のユーザーが新たに体験談をアップしたね」

◆「その数字をもう一度チェックして」→「その数字は絶対に間違えられないのに、どこかおかしい点がある」

なぜ連携をとらなくてはいけないのか

連携をとることには、いくつかの目的がある。

目的①　現実の理解を深める

現実の理解を深めることもそのひとつで、この理解は動画の一時停止ボタンのような役割を担う。たとえば、いまはどういう状況か、ハリケーンはどこにいるのか、潤滑油システムはどういう状態か、といったことをほかの人と一緒に確認する。

目的② 経緯を互いに確認する

また、現状に至った経緯を理解するときにも連携は必要になる。要は、いま起きていることの前に起きたことを互いに確認し合うのだ。これは因果関係の理解に役立つ。

目的③ よりよい決断を下す

さらに、よりよい決断を下すうえでも有効だ。決断を下すことで、何を信じるかが決まり、それに伴う行動（赤ワーク）に専念できるようになる。直進ルートとオールドバハマルートのどちらをとるべきか。こうした決断を下すときは、連携をとる必要がある。

目的④ 適切な仮説を立てる

だが何といっても、次の赤ワークにとりかかる前に仮説を立てること。これこそが、連携をとることの重要な目的だ。青ワーク—赤ワーク—青ワークのサイクルは、組織に学習と成長を促す。下した決断は、「やるべきこと」ととらえるのではなく、「試すべきこと」ととらえるほうがいい。つまり、決断を仮説と認識するのだ。

赤ワークの目的は仮説の検証にある

赤ワークに関しては、すべての過程が実験だ。実験は学習と改善を生む。実験とはそもそも、「直感から始まってそれを確かめること」である。この直感が「仮説」だ。**青ワークのどの過程でも、仮説の構築がいちばんの目的となり、赤ワークのどの過程でも、仮説の検証がいちばんの目的となる。**

また、よく考えられた実験は、必ず次の条件を満たす。

- 学んだことを振り返る区切りが設けてある。
- 完全に文書化され、誰でも結果の検証や応用が可能である。
- 条件をコントロールしたうえで実施される（例：変える要素を一度にひとつと決めて、複数の要素が結果に影響を与えることを避ける）。

純粋に科学的な実験には、当然ながら実験結果以上のものは求められないが、仕事の実験の場合は、結果だけでなく、生産的な何かを生み出すことも求められる。

エルファロを例に見てみよう。船内の赤ワークに対して実験的なアプローチがとられていたら、結果はどう変わりえただろうか。

もしエルファロが、正しく仮説を立てていたら

出港後、エルファロはバハマ諸島の北で最初の重要な決断を迫られた。遮るものが何もない直進ルートをとるか、それとも、島々が防護壁となるオールドバハマルートをとるか。通常ならこれは大して考えることではない。直進ルートのほうが距離が短く、効率的に進むことができるからだ。検討の余地はない。

だが今回は、直進ルートをハリケーンが脅かしていた。よって、次のような仮説を立てられたのではないか。

> 直進ルートをとるつもりだ。ただしこの決断は、嵐がきているが、そのせいでスピードが落ちたり航行に悪影響が生じたりすることはなく、船を脅かすほど強力な嵐にはならないという仮説にもとづいている。
>
> これはあくまでも仮説なので、赤ワークをしていくなかで、波の大きさ、風速、縦揺れの度合いなど、仮説の裏づけあるいは反証となる情報を、全員が集めてほしい。それらの情報をもとに、ラムケイの分岐点であらためてルートを判断したい。

決断ポイントを設けるだけでは仮説とは呼べない。合理的な理由（嵐はそれほど強くならないという予想）にもとづいて、決断を下して（直進ルートをとると決めて）ラムケイという終点を決め、結果（波の大きさや船体が受ける影響の度合いなど、嵐の強度の尺度となるもの）を評価する方法を定める。ここまでやって仮説だ。

実験をしているあいだは、現状と、予測した状況を終始比較する。比較するからこそ、実験を始める前に測定基準を決めておくことが重要になる。それが事前に決まっていれば、意思決定からサンクコストが排除され、責任感の過熱に陥らずにすむ。

いま述べたような仮説を立てたことで、**エルファロの船員は改善の思考心理になり、学習と成長を求めるようになる。**もっとも効率よく目的地に早く着ける直進ルートを進むという業務をただこなすのではなく、**そのルートが適切かどうかも考えるようになり、のちの決断を左右する、風、海、気圧の変化にもっと目を光らせるようにもなるだろう。**

それに、当初の仮説を再評価する終点（ラムケイ）が事前に設定してあるので、船長の決断が間違いだったと責める形にならず、ルートについて疑問を投げかけることができる。

終点の設定により、船員は自分の目に入るものになおいっそう注意を払うようになり、自分が見たことや思っていることを積極的に周囲と共有したいと思うようになる。

その結果、ルートを変える必要性に関係する情報が適宜集まるようになる。

そして船長にとっては、一度決めたことに執着しないための予防線を張ったことになるので、実験の結果に耳を傾けるようになり、ひいてはルートの変更を厭わなくなる。

強要を通じて望むことができるのは、服従が関の山だ。服従する人は言われたことはやるが、それ以上のことを自分で考えようとはしない。

一方、**連携すると、前に進むことに対する責任感が生まれる**。これが新しいやり方の③だ。服従をやめ、責任感を自覚することは、青ワーク（バリエーションの歓迎）の終わりを告げる合図であり、次は赤ワーク（バリエーションの削減）が始まる。

第5章

メンバーの他人事感を感じたときは

——学習と改善の意欲を喚起する方法

服従させると人の思考は停止する

産業革命期に定着した構造では、作業を実行する人《赤ワーカー》は、どんな仕事をいつどのように行うかを選ぶことはできない。そのため彼らに責任感は生まれず、あるのは服従だけだ。

しかし前章で述べたように、**正しく連携をとれば、実行に移すことへの責任感が生まれる**。青ワークから赤ワークへの移行について、責任感が生じるのだ。

ここでカギとなるのが選択の有無だ。**選択の自由がなければ責任感は生まれない**。「イエス」と答えるしかない状況に置かれれば、人は服従するしかない。**服従は人々に考えることをやめさせる**。別の誰かが決めたルール、指示、行動内容に従うことしか求められないからだ。思考や意思決定という厄介なプロセスから解放されるのだから、服従すればラクができる。おまけに責任まで回避できるときている。

会社で業務上のミスがあると、「言われたとおりにやっただけです」という返答がよく聞かれる。これはつまり、自分に責任はないと言っているのも同然だ。ほかの誰かが決めたことに、ただ従ったにすぎないのだから。相手を従わせるのに多くの言葉は要らない。

「これをやって」

「なぜですか？」

「やってほしいからだよ」

「わかりました」

このようなやりとりですむ。上司からすれば、部下への現状説明という厄介で時間のかかる仕事から解放される。しかし、詳しい説明がなければ脆弱な状態が生じる。

「考えることは私の仕事ではありません」

私はそれを、原子力潜水艦サンタフェの艦長に就いて早々に実感した。あるとき、私は深夜の当直班に、翌朝に艦がいるべき位置を伝えた。

なぜそこにいる必要があるのかも、翌朝その位置にいなかったらどうなるかも説明しなかった。つまり、服従を求めたのだ。

翌朝起きて艦の位置を確認すると、指示した位置にいないとわかり、私は呆然とした。

なぜこんなことになったのか？

さまざまなことが重なったのだ。

まずは、漁船に進路を邪魔された。その次は商船が進路に現れた。このように、次から次へと事件が起きた。当直士官は指示に従うべく最善を尽くしたが、**指示が持つ意味を知らなかったので、彼自身の責任で目的を果たすという意識は生まれなかった。**

「服従」では、手順に従うことがすべてとなる。一方、責任感を持った取り組みは、手順の背後にある目標を成し遂げることがすべてとなる。

服従の姿勢が表れている言い方を例にあげよう。

◆「命令されたからです」
◆「そう書いてあるので」
◆「命令されたことをやっているだけです」
◆「考えることは私の仕事ではありません」

◆「こんなところにいるバカは俺たちだけですね」（エルファロの一般船員の言葉）
◆「あの人の言葉を信じるよ。20マイル先に風速100ノットの嵐がいるってだけだ。まあ、だけって話じゃないとは思うけど」（エルファロの三等航海士の言葉）

責任感を持つと3つの変化が現れる

決断する人と実行する人を分けていた産業革命期では、服従が生まれるのは自然な成り行きだった。しかし、いまの時代に求められているのは、連携から生まれる「責任感を持った取り組み」だ。「責任感を持って取り組む」と、次の3つの変化が生じる。

1. 実行するだけではなく、何かを学ぼうとする
2. 信念よりも、やるべきことを優先する
3. 作業を小さく分けてすべてやり遂げる

変化1　実行するだけではなく、何かを学ぼうとする

前章で、青ワークの目的は仮説の構築であり、仮説を立てて試すことが大切だと述べた。

仮説を立てるには、何をするかに加えて、何を学ぶかも決める必要がある。**仮説を立てようとすると、人の思考心理は学習や改善に向かう**。それにより、次にくる赤ワークの時間を、単に作業をこなす時間ではなく、何かを学ぶ時間としても受け止めるようになる。

学ぼうとするメリット① 赤ワークへの関心が強くなる

青ワークを終えて赤ワークに戻るタイミングで学習の機会を設けることは、将来的にさまざまなメリットがある。

まず、赤ワークへの関心が強くなる。

エルファロの高級船員たちは、ルートの判断に自分が影響を与えることはほぼないと感じていたから、風や海の状態を知ることにそれほど関心を向けなかった。船の細かな位置取りに影響を与えられたかもしれないのに、重要な情報の提供者になろうとしなかった。

先のことを意識する感覚は、未来を自分の手でコントロールできるという感覚によって強化される。**自分が感じ取ったことがカギを握ると思うからだ**。

学ぼうとするメリット② 証明より改善を強く望むようになる

次に、最初から学習と改善の思考心理になっていれば、証明より改善を強く望むので、赤ワークから青ワークへ戻ろうとする意識が強くなる。

産業革命期のやり方では、赤ワークは自らの働きを証明するものとされている。自分が行っている作業を理解していること、自分が生み出したものは正常に機能することを証明するためのものなのだ。

だが、**機敏で適応力や柔軟性に優れた組織にしたいなら、求めるべきは「改善」となる。**改善は証明と相容れない。だからこそ、青―赤―青のサイクルの始まりで学習を目的に掲げることが重要だ。そうすれば、いざ改善を実行するときの効果が高まる。

学ぼうとするメリット③　失敗や遠回りへの嫌悪感が和らぐ

ほかにも、学習を目的に掲げれば、失敗や遠回りへの嫌悪感が和らぐというメリットがある。

要するに、学習という目的に集中すると、青ワークから赤ワークへ移行しやすくなるのだ。皮肉な話だが、**成果目標を立てると、意外にも赤ワークにとりかかりづらくなる。**

こんなリーダーはいないだろうか。話の蒸し返しや議論は率先して行うが、何かを始める責任はなかなか引き受けようとしない。こうなる理由は、次に続く赤ワークの時間で、何かを証明しなければならないと思っているからだ。

「自分の決断は正しかった」

「自分のチームならやり遂げられる」
といったことを周囲に証明しなければならないと思うと、リーダーは尻込みしてしまう。だが、その赤ワークの時間を、学習する（予測を立て、起きたことを観察して検証し、予測を検証結果に照らして反省する）サイクルの一環だととらえるようにすれば、話を蒸し返すことから、行動することへと移行しやすくなるはずだ。

人は、**学習モードになると行動を起こしやすくなり、挫折に遭うと耐性が鍛えられる。**脳がそのように配線されているからだ。

人間をはじめとする哺乳類の動物は一般に、新しいことを探ったり、発見したり、学んだりすることを好む。角を曲がった先や尾根の向こう側に目新しいものを見つけると、脳は肯定的な反応を示すようにできているのだ。

こうした脳の機能を、心理学者たちは「探求システム」と呼ぶ。次に何が起こるだろうかと無邪気な好奇心を抱きながら何かを行っていると、その探求システムが活性化し、ひいては人生がより楽しく味わい深くなる。

変化２　信念よりも、やるべきことを優先する

責任感を持って取り組もうとするときに、全員の思いまで同じにしようとするのは間違

いだ。

行動の足並みを揃えるのはいいが、考え方まで変えようとしてはいけない。決まったことを実行に移させるだけのほうがいい。

大きな決断となれば、それとは違う道を選んだかもしれない人は必ずいる。組織に必要なのは、下した決断を組織全体で支持し行動に取り組むことであり、**社員一人ひとりの考え方まで変えようとすることは、その邪魔になる。**

前に進むことが遅れるし、誰かの考え方を変えるには、「自分が間違っていました」とその相手に認めさせなければならない。

だがそもそも、行動は決断のあとに来るものなので、たとえ間違った考えの人がいたとしても、決断を下した時点では、誰の考えが間違っているのかは誰にもわからない。

「賛同できない」は悪いことではない

仮に、同僚の提案について決断を下さねばならないとしよう。その同僚は、広告キャンペーンのやり方を変えたいと提案してきた。

そのアイデアを聞いたとたん、あなたはよくない印象を持った。個人的な経験から、ダメな案に思えたのだ。とはいえ、どんな決断もそうだが、実際に展開して失敗するという１００パーセントの保証はない。

こういうときは、同僚の決断を支持すると行動で示し、様子を見るといい。いいアイデアだと自分に言い聞かせる必要はないが、実際にやってみたら、限られたリソースを投入するに値する優れたアイデアだったと判明する可能性は十分にある。

それから、その同僚と組織が何を学べるかを重視する。リーダーがこうした行動に出れば、会社としてはそれで十分だ。

立場が逆であっても原理は変わらない。リーダーであるあなたが、決まったことを実行に移すようにとチームに伝えたときに、それはベストじゃないよねと思っているメンバーがいるかもしれない。

かといって、**考えを改めてくれとその人を説得する必要はない**。むしろ、変えさせないようにするべきだ。考え方はさておき、チームとしての決断を支持する行動をしますと約束してくれる限り、組織の目的は達成される。

反対や異論を唱えた人に間違いを認めさせようとしてはいけない。少なくともそれに続く赤ワークが終わるまでは、決断の正否は誰にもわからない。赤ワークの時間に、決断の根拠となった仮説を検証することになる。

変化3　作業を小さく分けてすべてやり遂げる

エルファロの船長は、フロリダのジャクソンビルを発つ前からすでに、直進ルートでプエルトリコに向かうと決めていた。彼には、**今回の航海が、いくつかの決断ポイント（青ワーク）を挟んでの赤ワークの積み重ねになるという認識はなかった。**

ジャクソンビルからプエルトリコまでの航行のような仕事では、地理的条件、自然の法則、タイミング、ほかの組織との関係性などによって、決断ポイントが自然に発生する。

エルファロの場合は、ラムケイ付近の地理的条件のもとで、青ワークを行うべき決断ポイントが自然に発生した。決断ポイントと決断ポイントのあいだは赤ワークの時間で、計画どおりに船を動かし続ける。

一方、この航海を、プエルトリコまでのひと続きの長い計画だととらえて、「思いとどまらせるものがない限りは、直進ルートを進む」と設定してしまうと、どんな決断ポイントも計画にとっての障害になってしまう。それに、オールドバハマルートに変えるには、変えるだけの正当な理由が必要だと感じてしまう。

これほどの重要な決断を下すときは、両方の選択肢について平等に議論したほうがいい。

「作業を小さく分けてすべてやり遂げる」方法は、責任感の過熱という精神状態に陥るの

を防ぐ役割も果たす。

小さな作業の積み重ねを意識することのメリット

イノベーション、新製品開発、製造工程の改善といった仕事では、エルファロの例のように、青ワークのために立ち止まるポイントが自然に発生することはないだろう。よって、意図的に作業を分割する必要がある。取り組みやすい小さなサイズに作業を分けるのだ。ただし、どの作業でも成果物は完成させる。製品なら、どの段階の作業でも、市場に出せるレベルに仕上げるべきだ。

青―赤―青のサイクルの長さを決めるときは、次のように覚えておいてほしい。赤ワークの時間を短くするほど、学びは増えるが成果は減り、それを長くするほど、成果は増えるが学びは減る。よって、不透明で予測を立てにくい状況下では、赤ワークの時間は短くする。成果物に関することや外的な条件がはっきりしてきたら、長くすればいい。

小さな作業の積み重ねを意識して取り組めば、短い時間とはいえ、目の前の作業に完全に没頭できるようにもなる。事前に中断が組み込まれているとわかっていれば、作業中に自分のやっていることが適切かどうかを考える必要がなくなる。

短時間に集中して活動する（赤ワークを行う）ときは、この時間で何かを学び取るという強い気持ちで取り組む。一つひとつの作業は小さくても、そのすべてをやり遂げることに責任感を持って取り組んでほしい。

責任感を持った人の言い方はどう変わるのか

責任感を持って取り組む人の言葉には、赤ワークを実行するという決意に加えて、一定条件を満たした場合や、一定の赤ワークを行ったあとに青ワークに戻るタイミングが含まれる。次のような感じだ。

◆「プロジェクトの次の段階を始めようと思います。次の青ワークのための中断は10日後を予定しています」

◆「選択肢1で進める予定です。15日したら一度中断して振り返ります」

◆「次の生産ラインを稼働させます。1万ユニット生産したら、会議を開いてデータを検証します」

また、チームのメンバーに責任感が生まれたかどうかを確かめたければ、次のように問いかけるとよい。

◆「実行の計画はどうなっている？」
◆「赤ワークに戻る予定はいつ？」
◆「次に中断して進捗を確認する前に、赤ワークにどのくらいの時間をかける？」
◆「このプロジェクトでは、何をきっかけにして次の中断をとるつもりだ？」
◆「その仮説を実行に移すときはどうやって周知する？」
◆「この活動はいつまで有効か？」

「どう始めようか？」と聞くことの効果

「連携をとる」ことについて説明したときに、「何」や「どう」という言い方を使った質問が効果的だと述べた。**「どう」という言葉には、程度を尋ねる場合と、具体的な内容を尋ねる場合の2種類の使い方がある。**

程度を尋ねるときは、「どの程度確信している？」や「その前提が正しい確率はどのくらいある？」といった使い方をする。

一方、具体的な内容を尋ねる場合の「どう」は、批評することなく中立的な立場で説明を求めるときに役に立つ。たとえば、「○○は××にどう影響する？」や「君はどう考える？」という具合だ。

実は、「どう」にはもうひとつの使い方がある。青ワークで決まったことに責任感を持って取り組むと決意させることもできるのだ。

◆「どう始めようか？」

◆「素早く安く試すにはどうすればいい？」

このように尋ねると、尋ねられた側は障害や限界について心配するのをやめて、限られた時間とリソースで何ができるかと考えるようになる。つまり、**できないことからできることへフォーカスが移るのだ。これについては、「何」を使うこともできる。**

◆「もっとも小さい作業は何になる？」

◆「われわれに何ができる？」

◆「それは何に喩えられる？」

◆「最初の一歩となる活動は何だ？」

青ワークから赤ワークへ移行するときの会話例

青ワークから赤ワークへの移行を促す言い方はほかにもある。いまから紹介するのは、計画、打ち合わせ、議論が十分になされ、いよいよ実行に移す（青ワークから脱して実行に移す赤ワークを始める）となったときに効果的だ。

責任感が関係する会話になると、可能なことの話から仮定の話になり、最終的にやるべきことを問う流れが自然に生まれる。

チームのメンバー数人が、新製品のアイデアについて話し合っている。彼らの考えでは、顧客からこの会社のブランドイメージにぴったりだと思ってもらえる新たな製品市場があるのだという。何をするかの議論が行われているなか、リーダーであるあなたは、実行に対する責任感を彼らに自覚させたいと考えている。

そしてあなたがこう尋ねて会話が始まる。

「まずは何ができる？」

「そうですね、ウェブページをつくって写真をいくつか掲載し、注文が入るのを待つ、または、アンケートを実施してこういった製品に興味がある人の数を把握することができます」

「君が私の立場なら何をする？」

「ウェブページを作成します。そうすれば実際に注文が入るかどうか試せますし、今日中にネットにあげられますから」

「わかった。ではチームとしてすべきことは何だ？」

ここまで話がくれば、あとは彼らが引き受ける。

チームが青ワークにとらわれていると感じたなら、可能性、仮定、やるべきことのどの段階にいるかを言葉を通じて明らかにし、彼らを次の段階へと導く。それがリーダーの務めだ。

責任感が行き過ぎるという問題もある

赤ワークを小さく分割する理由がもうひとつある。一度生まれた責任感は、ひとりでに増強する傾向があるのだ。

直進ルートをとるというエルファロの船長による決断がいい例で、時とともにその決断の重さは増していき、とうてい方針転換できなくなった。

人は小さな一歩を踏み出す決意をすると、その方向に進み続けようとする。次の一歩を踏み出すべきかどうかを評価する青ワークをしても、それを十分に生かせない。事前の決断の正しさを裏づける情報ばかり選り好んでしまうからだ。

なぜそんなことになるのか？

その答えは、「責任感の過熱」という心理現象に起因する。これは、一度決めたことについて、それが失敗する証拠を突きつけられても、頑なにやり通すことを意味する。損を出している投資家がなかなか手を引けないでいるのも、売れない製品に企業が投資し続けるのも、効果のない政策に政府が固執するのも、すべてこの現象の表れだ。**責任感の過熱に陥った人は、失敗に終わった自らの決断を、成功の定義を変えることで正当化しようとする。**

順を追って説明しよう。まず、何かに関する決断を下す。これにより、その決断が招く結果に対して責任を感じるようになるが、思ったとおりにものごとが進まない。そして、自分の決断が間違いだったという証拠が積み上がっていく。

この場合の合理的な行動は、立ち止まって決断の内容を再評価し、方針転換することだ。だが、そうできる人は少ない。人間は、失敗を取り戻して勝者になろうとする生き物なのだ。

「絶対に最後までやる」「無駄でもやる」の怖さ

赤ワークの最中に責任感の過熱に陥った人は、次のような言葉を口にする。

◆「やり始めたのだから絶対に最後までやる」

◆「もう決めたから」
◆「これをやることになっているのだから、抵抗しても意味がない」
◆「いいからやるぞ」
◆「無駄でもやるんだ」
◆「失敗という選択肢はない」

エルファロでは、次のような船長の言葉に責任感の過熱が表れていた。

◆「今回は耐えるしかないな」
◆「あらゆる天候の可能性から逃れるなど不可能だ」
◆「大丈夫なはずだ。いや『はず』ではだめだ。大丈夫にするんだ」

また、ハリケーンに向かって進んでいるという意見に対し、次のような反応を見せている。いずれも、「ほかの選択肢を選ぶつもりはない」という船長の意思が見て取れる。

◆「（すべて）うまくいくはずだ」
◆「この船なら耐えられる」

◆「おいおい。わかってないな。この船は方向転換しない。方向転換はありえない」

◆「アラスカでは毎日こんな感じだ。これがふつうだよ」

船長は、会社の上司に宛てたメールのなかでは、帰りにオールドバハマルートを使う許可を求めることまでしているし、ブリッジでも船員たちにこのことを2回告げている。復路にオールドバハマルートを通ることは気軽に口にするのに、往路をオールドバハマルートに変えることについては頑なに口にしないのはなぜか？　責任感の過熱のせいだ。

責任感の過熱に陥らないようにするには、赤ワークへの認識を改める必要がある。実行する時間というだけでなく、学習の機会としてもとらえるのだ。そうすれば、間違った、あるいは間違っている可能性があると判断して赤ワークから抜け出しやすくなる。

責任感の過熱を防ぐには

人は、自分の能力のなさが他者に露呈する、あるいは自分でそれを思い知ることを恐れる。こうした自我を脅かされることへの恐れが、責任感が過熱する最大の元凶だ。

『GIVE&TAKE』の著者で心理学者のアダム・グラントは、責任感の過熱を防ぐ方法のひとつとして、決断する者と決断を評価する者を分けることを紹介している。そうすれば、決断した人の感情的な思い入れが評価からはずれる。

企業の重役の配置換えも、責任感の過熱を防ぐのに一役買うシステムだ。前任者の決断に関与していない人が新たに責任者となれば、成功しそうにないプロジェクトを率先して廃止する可能性が高まる。

決断者とその評価者を分けるにはどうすればいいのか。手っ取り早いのは、決断を評価する者を管理職、決断する者をその管理職の部下にするやり方だ。

だがこのような体制をとっている組織はほとんどなく、多くの組織では、管理職が評価と決断の両方を行うのが一般的だ。

エルファロの場合は、決断するのも決断を評価するのも船長が行っていた。船長は、直進ルートをとると決断した。だがその後、嵐の位置も、進路も、強度も想定どおりとはならなかった。

荒れる波や風、その影響を受ける船体が、最初の決断は間違いだと示し始めた。だが船長は、船内で立場がいちばん上で決断の正否を評価するのは自分なのだから、ルートに関する決断についても評価するのは自分でなければならないと考えた。

そう考えたとき、船長は、自分の決断が間違いだったと認めなければならなくなると心で思ったはずだ。それは誰にでもできることではある（ただし、得意、不得意の個人差はある）が、ハードルは高い。

結局、直進ルートをとるという自らの決断が失敗に向かっているとわかる情報を提示されても、船長はその決断を自ら覆せなかった。

過熱が起きにくい組織で使われる言葉

責任感の過熱が起こらない組織では、どのような言葉が使われるのか？　**カギを握るのは「意図の表明」となる言葉だ。**

そういう組織では、立場が下の人間が上司のところへやってきて、自分の意図を表明する。その際には、その意図の根拠も説明する。

現場の監督者なら、市場向けの商品サンプルに思いがけない欠陥を見つけたときに、「出荷を遅らせて検査をもう一度実施します」と告げて、その根拠を説明するだろう。

企業の購買担当者なら、購入するパーツに不満を感じたとき、「パーツの供給元を替えるつもりです」と明言し、ほかの供給元に関する調査結果を伝えるだろう。

意図を表明する最初のひと言は、会話の始まりにすぎない。その意図を持つに至った論理的根拠の説明がなくては不十分だ。この認識を持つことを忘れないでほしい。

若手社員が意図を表明するようになれば、仕事に対する当事者意識は強くなり、管理職のように考え始める。また、若手の決断は役員会に制止されることもないので、行動を起こしやすい。

これからとる行動に対する責任感を自覚したら、赤ワークに没頭して作業を完了させればいい。責任感を持って取り組み始めたら、次に行うのは④「区切りをつける」だ。

第6章

思考と行動のバランスがよくないと思ったら

——区切りをつけて仕事を切り替える言い方

産業革命期のやり方は、赤ワーク、すなわち生産作業に最大限の時間を費やす目的でできたものだ。要するに、組立ラインが中断なしに動き続けるということだ。

現代の管理職は、いまなお同じやり方を踏襲している。時計に従うことから始まって、やるべきことを部下に強要して服従させ、できるだけ長く赤ワークを続けさせることが当たり前になっているのだ。

彼らにとって、時間あたりの生産性を最大にすることは絶対であり、組立ラインの停止など、赤ワークの中断は、時間と資源の無駄を意味する。

生産行為を長く続けさせる手段のひとつが、中断を発生させないように障壁を構築することだ。「エルファロの高級船員たちはなぜルート変更ができなかったか」という問いの答えが、その障壁だ。

私たちの身体には、続けることが染みついている。

生産ラインで働いている人は、一単位の仕事が完了しても、作業を続行する。**作業は永遠に繰り返され、区切りがつくという感覚はいつまでたっても生まれない。**

例をあげよう。

サービス産業で、新しいパンフレットの草案をようやく作って上司のところへ持っていくと、上司から「よし、ここを少し変えてくれ」と言われる。これも続行だ。

小売企業で、ウェブサイトの試作版を懸命に作成し、少数のモニター顧客にチェックしてもらえるようにしたとたん、上司から「で、次のアップデートはいつ？」と尋ねられる。これもまた続行だ。

あるいは、ある社員が率先して、クライアントが抱え続けている問題の画期的な解決策を探したいと申し出た。それなのに、会社の経営陣の反応は沈黙のみ。……結局、同じやり方を続行するしかない。

区切りをつけずに続行することの問題点

では、続行の何が問題なのか？　なぜ区切りをつける必要があるのか？　問題点は３つある。

問題点①　進路変更がしにくくなる

区切りをつけないと、その工程を複数の要素に切り分けて考えられなくなる。これにはいくつかのリスクが伴う。まず、工程を区切らないと最初に決断すれば、長く続けなければならないという意識が生まれ、責任感の過熱に陥るリスクが生まれる。

要は、進路変更の必要に迫られてもそれをしにくい組織となってしまうのだ。ＮＡＳＡが当初の打ち上げ日程にこだわり続けた、エルファロの船員たちが直進ルートを進み続けた、といった行為は、**区切りをつけ損ねたことに端を発する過ちだ。**

長く続ける行為を仕事だと思い込んでいると、最初の計画を続けようとする惰性に打ち勝たない限り、途中のどんな変更も実行可能な選択肢にならない。途中で生じる新たな選択肢はハンデを背負うことになり、最初の計画と公平な比較をされない。

それに、作業を取り巻く環境は変わるものなので、赤ワークを続行するうちに、しだいに最適な状況から乖離していく。

問題点② 社内の人間が犠牲になる

区切りをつけなければ社内の人間が犠牲になる。区切りをつける瞬間がなければ、労う機会が生まれない。彼らの時間は常に次の仕事に取り込まれ、彼らの一日は絶えずいつもと同じになる。

仕事に区切りがなかったら、何かを達成した、何かを学んだといった成長の感覚も生まれない。起きたことを話す機会がなければ、成功につながった行動に焦点をあてる機会も生まれない。そのうち、働く人々から熱意は消え、仕事に対する関心が失われていく。会社を支持する言動も、しだいに消えていくだろう。

問題点③ よりよい活動の探索に集中できない

いまの活動から安心して離れられるようにならない限り、過去にとらわれて、よりよい活動の模索に集中できない。**区切りをつけることは、時計を積極的に支配すること**なので、赤ワークから脱して青ワークに移りやすくなる。

時計を支配すると、仕事の工程を振り返って改善する時間を組織的に設けることが可能になる（「改善」は次章のテーマだ）。加えて、区切りをつけると、それまで行っていた活動から心理的な距離が生まれる。

そうした距離が生まれ、活動を終えたことを労ってからのほうが、改善に向けた取り組みにスムーズに着手できる。これからは、産業革命期に誕生した「続行」というやり方は忘れ、「区切りをつける」ことを実践してほしい。

もしエルファロの船長が区切りをつけていたら

エルファロの船長は、プエルトリコのサンファンまでの往路をひと続きの長い仕事としてとらえていた。だから出港したのち、船内に定着している古いやり方によって、運航の中断を招かないようにするための障壁が設置されてしまった。

船長の意識や船内のルールに、「続行する」だけでなく「区切りをつける」も含まれていたら、決断ポイントで計画を慎重に見直すことも仕事の一部となったのではないだろうか。おそらくは、**次のようなリズムで、赤ワークと青ワークを行っていたはずだ。**

1．青ワーク：いつ港を出発するか決める。

2．赤ワーク：出港し、バハマ諸島北部へ向かう。

3．青ワーク：決断ポイント1で、直進ルートか、オールドバハマルートのどちらをとるか決める。

4．赤ワーク：直進ルートを通ってラムケイを目指す。運行中は次の決断に役立つ情報を集める。

5．青ワーク：ラムケイにて高級船員チームを招集し、直進ルート、オールドバハマルートのどちらにするかを話し合って決める。

6．赤ワーク：5で決まったルートを通ってサンファンを目指す。

サンファンまでの航海をいくつかのポイントで区切ってとらえるようにすれば、責任感の過熱の予防になる。続行するという意識だけでは、分岐点が来て決断を迫られても、それが分岐点だと気づかない。

売れなくなった製品をなぜつくり続けるのか

いまやっていることを続けたいという欲求は、昔の職場だから生まれたわけではない。テクノロジー製品の世界的企業と一緒に仕事をしたとき、経営陣からこんな話を聞いた。

彼らの会社は、**売れなくなったある製品を何百万と生産し続けていた**。市場が別の様式の製品に移行したと誰もが気づいていたにもかかわらずである。

その結果、つくった製品の廃棄を余儀なくされた。お金を払って製造し、お金を払って出荷し、お金を払って在庫を保管したうえに、最終的には**お金を払って廃棄する**ことになったのだ。幸い、ほかの製品がよく売れていたおかげで損失を補填できたが、この会社のように幸運な会社ばかりとは限らない。

日々の仕事（または人生）が同じに思えて、昨日やっていたことの終わりが見えずに今日もただ続けているだけに感じている人は、続行モードに陥っていると思ったほうがいい。

あなたの仕事はどうだろうか。あなたより下の立場の人たちはどうか？

「区切りをつける」４つの方法

「区切りをつける」とは、赤ワークを脱して青ワークに向かう瞬間を指す。これは、時計の支配と密接に結びついている。「区切りをつける」ことを事前に計画に組み込むと、時計を支配するうえでも役に立つ。

社内の仕事のリズムを構築するうえで、カギとなることが2つある。赤ワークの時間の長さと、青ワークを挟む頻度だ。学習と成長を促したいなら、赤ワークの時間を短くして区切りをつける回数を増やす。生産に比重を置きたいなら、赤ワークの時間を長くして区切りをつける回数を減らせばいい。

区切りをつけることは、過去の決断から頭を切り替える役割を果たす。そこで重要になるのが「労うこと」だ。**労いがあることで、これまでの活動が終わったという実感が生まれ、やり遂げたことへの充実感を覚え、次へ進めるようになる。**

こうして過去の活動から心理的な距離をとることは、責任感の過熱に対する予防手段となるほか、批判的な自己反芻と改善の段階に進むうえで欠かせない。

区切りをつけるには4つの方法がある。

1. 区切る回数は、前半多め、後半少なめに
2. 外からではなく、一体となって労おう
3. 区切りとなる言動を定めよう
4. 目的地ではなく行程に注目しよう

方法1　区切る回数は、前半多め、後半少なめに

プロジェクトや新製品開発を行うとき、最初のうちは選択肢が豊富にあるので、赤ワークより青ワークに比重を置いて学習の強化に努めるといい。つまり、赤ワークをこまめに中断して青ワークの回数を増やし、成長、学習、改善に集中するのだ。

しかし、プロジェクトを進めていくうちに、決断が必要になることも、選択肢も減って

いく。そうなったら実行に比重を移し、赤ワークの時間を長くして青ワークの頻度を抑えればいい。

また、**プロジェクトが進むにつれて、中心となる思考心理も変わる。**最初のうちは改善と成長の思考心理だが、その後、証明と実行の思考心理に移行する。どちらかひとつの思考心理だけになる時間はないが、初期段階では改善の思考心理になることが多く、証明の思考心理になることはほとんどない。

反対に後半は、証明の思考心理が優勢になって改善の思考心理になることが減る。プロジェクトが終わりを迎えたら、長めの青ワークの時間をとり、プロジェクト全体として改善できることはないか考える。**プロジェクトの前半は青ワーク、後半は赤ワークに比重を置くというバランスの構築は、プロジェクトのリーダーの務めだ。**

区切ることは、最初は多く、後半は少なく。これが区切りをつけるときのコツだ。

区切りをつけたら労う——望ましい言動に報酬を

区切りは労いのきっかけとなる。「フェーズが終わった」「節目を迎えた」「プロジェクトが終わった」「四半期が終わった」など、区切りがついたと実感しなければ、まだ続いているという感覚にとらわれるばかりで、労う機会は生まれない。

だが、「なぜ労わないといけないのか？」と疑問に感じる人は多いようで、私はしょっちゅう尋ねられる。**「職務をまっとうしただけにすぎないのだから、給料をもらったときに各自が労えばいいのでは？」**と思うらしい。

このような考え方の人は、産業革命期に生まれた構造と言葉の影響を多大に受けている。産業革命期の上司の思考回路と同じだ。労働は対価を伴う「取引」なのだから、チームの作業をとめてまで労う理由がどこにある、と彼らは思っていた。

だが、適度に労うことには意味がある。まず、達成感を味わえるので、過去の活動と自分を切り離して次のことに進みやすくなる。また、成功につながる言動が定着するという効果もある。

今日の職場では、考えること、新しいものを生み出すこと、イノベーションを起こすこと、決断を下すことが非常に重視される。そのため、最善を尽くしたふりをするのは簡単で、リーダーにはそれを見破る術がない。**全力を尽くしてもらいたいなら、望ましい言動をとったことへの報酬が必要だ。**この報酬が労いというわけだ。

労うことを妨げる3つの理由

礼節をわきまえている人なら、離職する同僚に何もしないなどありえないと思うかもしれないが、もっと日常的な状況で、どんな態度をとっているか思い返してみてほしい。

プロジェクトに取り組むメンバーの誰かから、その人がやり遂げたことを見せられたとき、あなたはどんな反応を見せるだろうか？　それをじっくりと見て労うだろうか。それとも、早く次にとりかかろうとするだろうか？

労いを妨げるものは３つある。

１つ目は、労う時間をとればそのぶん作業の時間が奪われるので、**効率が下がって無駄が生まれる**という考え方。

２つ目は、労えば自己満足につながり、**次の段階に進む意欲が失われる**のではないかという不安。

そして３つ目は、**仕事をいくつもの要素で成り立つものではなく、ひと続きの長いベルトコンベアーのようにとらえていることだ。**

そうやって、何ひとつ終わりを迎えさせられず、「まだ終わっていないから」という理由で、労うことはないと考えるのだ。

現代の労働者には労いが必要である

産業革命の時代では、実行する者と決断する者を明確に分けることには意味があった。だが、これまで実行を担っていた人が青ワークを行う割合と、これまで決断を担っていた人が赤ワークを行う割合がともに増加して、２つの仕事の境界が曖昧になってくると、労う時間をとらないことは理にかなった話ではなくなる。

青ワークでの最低限の活動は、どう定義すればいい？　最低限求められたことを満たしたと、どうやって判断できる？

建設現場なら、積み上げたブロックを数えれば、割り当てられた仕事をやったとわかる。だが、十分なアイデアや意見を生み出したかどうか、持てる知識を惜しみなく共有したかどうかは、わかりようがない。

労うとなれば、赤ワークを行う時間がある程度犠牲になるのは間違いないし、それが今後どう役に立つのかも定かではない。

時間に追われていると、よくわからない未来のメリットより、目の前の明らかなコストを優先しがちだ。しかし、労うために立ち止まると、自分たちが何をしているかが認識でき、社員が自らの存在価値を実感する。仕事に対して好意的になるので、より集中して取り組み、より独創的に考えるようになり、離職者が減る。

労いは、青ワーク、赤ワークのどちらでも行うべきであり、健全な職場環境を保つうえで欠かせない要素なのだ。

方法2　外からではなく、一体となって労おう

仮に、やり遂げたことが無視されないとしよう。しかし「**素晴らしい！**」と言われてす

ぐに、こういう言葉が続く。**「ところで、ここをこう変えたいと思うんだけど……」**

こんなせりふを聞いたことはもちろん、自ら口にしたことがある人は多いのではないか。この種の典型的な労いにはいくつか問題がある。

まず、達成したと実感させる効力がない。形だけ労ったところで、やり遂げた人が苦労話などをする機会が生まれないし、次のステップへ移るタイミングだと気づかない恐れがある。それでは、今後役に立つことが何も掘り出せない。

形だけの労いは、協力関係からではなく、上の立場から生まれる。それは**彼らを外から称えるだけのもの**であり、彼らと一体になって達成を喜んでいるのではない。

「よくやった」と言うだけの褒め方はよくない

労いは、「称えること」と同義ではない。外から褒め称えることが労いだと自動的に考える人はあまりにも多い（その原因は両親のせいであることがほとんどだ）。**昔ながらの称賛を送ったところで、職場では何の意味もない**。称賛された相手は、支配的で身勝手で、恩着せがましいと感じるからだ。

◆「よくやった」
◆「すごい！」

◆「本当に頑張った」

こうした言葉は、外から褒め称える労いの典型だ。なぜ外からになるかというと、褒める人は、褒めることで自分がいいことをしている気分になり（親が子供を褒めるときも同じだ）、達成したことの良し悪しを判断する立場になっているからだ。

「すごい」といった褒め言葉は、褒めた当人が、**すごいと感じている自分がすごいという心理的な報酬を得ているのだ。いい気分になるのは褒めたほう**であり、褒められた相手には、内発的ではなく外発的な動機づけが生まれる。その結果、達成することそのものではなく、親や上司を満足させるという外的な要因で満足を得ようとするようになる。

この種の発言は、マネジャーや責任者に良し悪しを判断する権利があると言っているようなものだし、発言の目的は明らかに、褒めた行動の頻度を増やさせることにある。これは人を操る行為であり、他者の言いなりにしていればいいというメンタリティを誘発する。

一体となって労うときの言い方

では、一体となって労うとはどういうものか。それは、相手の言動を評価することなく感謝を伝えることであり、**良し悪しを判断することなく見たままの感想を伝えること**であり、褒め称えるのではなく相手の言動を尊重することである。

自分が見たままを描写し、それに対する感謝の意を表すと、労いは次のような言葉になる。

◆「プレゼンを3つのセクションに分けたのか。なるほど、そうした意味がよくわかる」
◆「予定どおりに製品を発表できそうだね。君のチームはあらゆる部署と連携をとってきた」
◆「例の提案を昨日送ってくれたんだな。ありがとう。おかげで週末までにクライアントに目を通してもらえそうだ」

相手の言動を描写するときは、「なるほど」「〜だとわかる」「〜になりそう」といった言葉を使うことを心がけるとよい。

描写で労う練習はすぐにも始められる。本を読むのをいったんやめて、オフィスや家のなかを歩きまわってみよう。そして、何かやり終えた人を見つけたら、自分が気づいたことを伝える。

たとえば、「そのメールで、プロジェクトを進めるための道筋をわかりやすく伝えたんだね」「ガソリン入れてくれたんだ。助かるよ。おかげで明日の朝空港に行く前に給油しなくてもよくなった」という具合だ。

相手の行動を具体的に言葉にし、その良し悪しの判断や評価は口にしない。**とった行動を純粋に描写し、それによって何がよくなったかを伝えるだけでいい。**

労いのなかに評価の言葉を交えてはいけない

感謝の意は伝えるが、評価を下してはいけない。

「素晴らしいリーダーシップを発揮して予定どおりに商品を届けた」ではなく、「予定どおりに商品を届けるために、チームとよく連携していた。納品までの工程がきちんと管理されていたとわかる」と伝えるのだ。

前者の「素晴らしいリーダーシップ」というのは、コメントした人による評価を表す。このような言い方をすると、同じことを繰り返せば同じ称賛を得られると相手に思わせることになる。それに、称賛した人の主観による評価を言われても、相手にはどうすることもできない。

一方、後者の言い方をすると、相手は自らの行動に自信が持て、学習することやリスクをとる行動に対して積極的になる。それに、労いの対象となっている彼らの言動（つまりは努力）は、彼ら自身でコントロールできることだ。

方法3　区切りとなる言動を定めよう

心理学者のキャロル・ドゥエックは、「本当に頭がいい」とか「才能がある」といったように人を属性で褒めると、その属性は褒められた人のアイデンティティとなりやすいと気がついた。そうしてアイデンティティの一部になると、その属性にそぐわない状況を避けるようになる。基本的には、**褒め言葉の意図とは反対の効果をもたらすのだ。**

ドゥエック教授の調査でわかった、間違った褒め方

ドゥエックが行った重要な研究は、どの年齢でも簡単にできるパズルを5歳の子供に出題するというものだった。

子供たちがパズルを完成させると、半数の子供を「パズルを解くのが得意だね！」と、完成させることができた能力を褒め、残りの半数を「一生懸命パズルを完成させたね！」と、パズルに挑んだ努力を褒めた。

その後、完成させたのと同レベルの簡単なパズルをもう一度やってみたいか、それとももう少し難しいパズルに挑戦してみたいかと尋ねると、能力を褒められた子供たちのなかで難しいパズルを選んだ子は半分もいなかった。ところが、努力を褒められた子供たちを

みると、90パーセント以上が難しいパズルを選んだ。

これは**対象が大人になっても変わらない**。つまり、人は自分のことを「頭がいい」と認識すると、自分の知性や知性の限界が実際に試される難題を避けるようになるのだ。もちろん、そういう難題に挑まない限り、学習と成長は望めない。したがって、**間違った褒め言葉は何の役にも立たず、いちばんの強みを磨く意欲を衰退させてしまうのだ。**

性格や能力を褒める言葉は使わない

リーダーという立場の人は、しっかりと認識してほしい。褒め言葉であっても、伝え方を間違えればマイナスの効果を生む恐れがある。

よって、一般的なルールとして、褒める対象は、相手が自らの手でコントロールできる行動（例：障害にぶつかったときに真摯に対応する、行動を起こす前に徹底的に見直す、アイデアに対する意見を早期に周囲から募る）とし、「じっくりと考える」や「生まれながらのリーダー」といった、相手の性格や能力を褒める言葉は使わないと覚えておくといい。

パフォーマンスを向上させたいなら、相手がコントロールできること（努力）を労い、コントロールできないこと（成果）には触れないでおく。

たとえば、あなたが率いるソフトウェアの開発チームが赤ワークを終了したなら、「やり遂げたみんなを誇りに思う」などとは言わず、「この製品を生み出せたのは、さまざまな部署と連携を図るという難局を乗り越えたおかげだね」と伝えるといい。

製造チームが不良品を見つけて生産ラインをとめたなら、「よくラインをとめてくれた」や「今度は何があった？」とは言わず、「ありがとう。不良品を見つけてラインの停止を呼びかけてくれたおかげで、その問題を一掃できそうだ」と労おう。

方法4　目的地ではなく行程に注目しよう

見たままを描写するには、それを行っている人の内面の葛藤にもしっかりと目を配る必要がある。

相手の話を引き出す尋ね方

一般に、親やコーチは子供や生徒を間近で観察できるので、成果ではなく具体的な行動について意見を述べることができる。

しかし今日の職場は、チームのメンバーが分散して働くことが可能になり、個々人が離れた場所で作業することも少なくない。となると、青ワークの時間に赤ワークを振り返るとはいえ、**赤ワークの時間に各自がやっていたことを、目で見て直接確認することはでき**

ない。ならばどうすればいいのか？　質問すればいい。

労いの時間を設けることで、赤ワークを行っていたときの話を周囲から教えてもらえる時間が生まれる。とった行動（電話をかけた、調査を実施した、同僚と協力したなど）に関する**彼らの話にしっかりと耳を傾けるだけで、非常に大きな労いとなる。**

相手の話を引き出す尋ね方をいくつか具体的に紹介しよう。

◆「下さなくてはならない重要な決断はどういうものだった？」
◆「チームで乗り越えなければならなかった障害にはどういうものがあった？」
◆「あのアイデアはどうやって思いついたの？」
◆「このプロジェクトでいちばん大変だったことは何？」
◆「このプロジェクトを通して何が楽しかった？　何が得られた？」
◆「このプロジェクトでどんなひらめきが生まれた？」
◆「○○についてだけど……」
◆「あれはどうやって乗り越えたの？」

そうして相手が話し始めたら、プロジェクトのターニングポイントとなった部分を探る。カギとなるのは、「そのときに決めたんです」「分かれ道にやってきた」「行き詰まりました。

試作品がうまく動かず、そこで……」といった言い回しだ。そうした言葉が出てきたら、さらに深く掘り下げるための質問をする。たとえばこんな具合だ。

◆「それでどうなった？」

◆「何が不安にさせたの？」

ここでもやはり、「何」や「どう」という言葉を使って尋ねる。**質問は端的に行うこと。また、質問したら、相手に考える時間を十分に与えて、言いたいことをすべて言わせるように心がけてほしい。**

目標の到達は旅の通過点である

目標に到達すると、そのあとはどうなるのか？　仕事や人生では一般に、目標を見事に達成するに至った行動を続けたいと思うものだが、現実にはそうはいかない。自分のためにもまわりのためにも、このことはぜひ知っておいてもらいたい。

ダイエットを実践する人を見てもわかるように、人は維持したい目標を抱えているときのほうが、その行動を続ける傾向が高い。

目標を最終目的地としてとらえると、焦点は体重の数値そのものに向かう。そして目標を達成してしまったら、達成をもたらした行動を維持し続ける確率は下がる傾向にある。その結果、リバウンドしてしまうのだ。**目標をどうやって達成したかを語る機会を与えると、人はその達成を壮大な旅の通過点のひとつととらえるようになり、最終目的地に到達したとは思わなくなる。**やり遂げたことを旅の通過点としてとらえると、目標に到達するに至った行動を続けようとする。

区切りをつけて、赤ワークから青ワークへ

リーダーの立場にある人は、赤ワークの長さと青ワークの頻度を調整することで、区切りをつける頻度を管理するとよい。そうすれば、みなが時計を自ら支配するようになる。責任感を持って取り組む赤ワークを事前に短く設定すれば、失敗に向かっている行動に時間と資源を費やし続けるリスクが大幅に減る。それが次の青ワークの時間の設定にもなる。

事前に次の段階を設定するという行為は、時計を支配するための手段のひとつだ。区切りをつけると、達成感が得られるだけでなく、それまでやっていた活動から心理的な距離をとることもできる。それまで従事していた赤ワークが終了することで、その活動から自分を切り離せるというわけだ。

それにより、別のプロジェクトや新たなプロジェクトなどに自分の認知能力を専念させ

られるようにもなる。要はパソコンを再起動させるようなものだと思えばいい。いったんリセットして不要な記憶を消去し、新たなスタートを切るのだ。

やり遂げたことを労い、無事にやり遂げるまでの旅路と行動を振り返り、達成感から客観的な視点が生まれる。こうしたことはすべて、次の赤ワークの時間をよりよいものにするためには不可欠であり、次章で紹介する⑤「改善」へとつながる。

改善は、「能力を証明する」に変わる新しいやり方である。

第7章

アウトプットをもう一段改善したいと感じたら

――保身モードに入ったメンバーの思考をほぐす方法

映画『アナと雪の女王』の制作チームは苦境に陥っていた。初期バージョンを試写したところ、無情にも否定的なフィードバックがきたのだ。

初期バージョンはハンス・クリスチャン・アンデルセンの『雪の女王』をベースに、勇敢なヒロインのアナが、意地悪く計算高い悪役のエルサと戦う物語となっていて、ふたりは姉妹でもなかった。このストーリーが評価されなかった。

おまけに、映画のダメなところを突き止めて修正する時間もろくになかった。すでに、1年半後の公開を発表していたからだ。

当時ウォルト・ディズニー・アニメーション・スタジオのチーフ・クリエイティブ・オフィサーだったジョン・ラセターは、フィードバックを念入りに精査して、チームの時計をとめた。**「どれだけ時間をかけてでも、必要な答えを見つけるべきだ」**と言ったのだ。締切は重要でないとまで言わなかったものの、この言葉で彼が**「時計を支配した」**のは間違いない。

彼は、赤ワークを離れて青ワークに従事する許可をチームに与えた。

「アナ雪」のシナリオはどう改善されたのか

この状況では、チームが「証明」モードに入ってもおかしくない。そう、自分はその仕事と給与に見合う価値がある人間だと、まわりに知らしめようとするのだ。

証明モードに入ったチームは、自分たちの決断の根拠を熱心に説明したり、自分たちのとった行動を論理的に正当化しようとしたりするだろう。つまりは、**過去を掘り下げることに時間を費やし、前に進むことを拒むのだ。**

だがいくらそうしたところで、駄作を傑作にする助けには一切ならない。

翌朝、『アナと雪の女王』の制作責任者を務めるピーター・デル・ヴェッチョはチームにこう言った。

「うまくいっていないことに目を向けるのではなく、何が正解となりうるかを考えてほしい。もっと大きな希望を思い描いてくれないか。何をしてもいいとしたら、みんなはスクリーン上でどんなものが見たい？」

ヴェッチョは、時間を無駄にすることなく、改善をしようとチームに呼びかけた。**すでにできあがっている作品にとらわれなくていいという許しが出ると、クリエイターたちは安心して新たなアイデアを投げかけるようになった。**誰かを怒らせることや仕事を増やすことに気兼ねしなくてよくなったからだ。

「エルサは悪役でなければならないか？」

「エルサとアナが姉妹だとしたらどうなる？」

「エルサが自分自身のことを恐れているとしたら？　そして愛する人を傷つけるのが怖いと感じていたら？」

エルサとアナを姉妹にするというアイデアを検討するうちに、ありきたりで深みのない悪の女王ではなく、自分でもよくわからない力に翻弄される人物像が浮かび上がった。また、ストーリーのラストについても再考し、「王子が王女にキスをして、めでたし、めでたし」にはしないと決めた。

「とにかく終わらせる」という赤ワークの重圧から解放されたとたん、クリエイターたちは、世界中に知られた物語を、斬新で意外性に満ちた切り口からとらえられるようになった。

赤ワークの改善を目指して行う「青ワーク」

新しいバージョンの『アナと雪の女王』では、エルサは自らの力を恐れ、妹のアナを守るために彼女を遠ざけようとする。アナは明るく元気に満ちているが繊細で、姉妹の絆を取り戻す方法を探している。

このふたりの思いの衝突がストーリーの中心に据えられた。新たな脚本が作成され、ストーリーのテーマがまとまると、**エルサの旅路は恐怖心がすべてで、アナの旅路は愛がすべてであるとはっきりした。**

エルサが悪役でなくなると、曲の制作を担当するロバート・ロペスとクリステン・アンダーソン＝ロペスは、彼女に注目を集めるための新たな曲をつくれると考えた。そうして誕生したのが、「自分が生まれ持った能力に怯えながらも、それを懸命にコントロールしようとする少女」について歌った「レット・イット・ゴー」だ。

『アナと雪の女王』が公開されると、ディズニーによるアニメーション映画史上最大のヒット作となった。「レット・イット・ゴー」は大評判となってビルボード・チャートにランクインし、大きな売上を記録した。オンラインでの再生回数は10億回を超えたという。

『アナと雪の女王』の問題を解決した戦略の多くは、**「改善」**の要素となるものだ。改善は、過去に行った活動を客観的に吟味し、どうすればもっとよくなるかとじっくりと深く考えることで生まれる。

改善は青ワークの目的の要だ。青ワークはそもそも、赤ワークを改善するために行う。青ワークだけを独立して行っても意味がない。意味を持つのは、赤ワークが何らかの形でよくなる場合だけだ。その対象は、効率、作業の重要性、強靭さと柔軟さ、敏捷《びんしょう》性など多岐にわたる。

改善には、偏見のない探究心と好奇心を持つことが、チーム全員に要求される。学習、創造、イノベーションのカギとなるのが、熟考と内省だ。ただし、熟考するだけでは十分ではない。だから青ワークは「熟考」ではなく「改善」の時間なのだ。

改善にいいタイミングを知ろう

改善にとりかかるには、頭をリラックスさせて時計の重圧を排除する必要がある。時計を支配して中断を呼びかけるようになってからでないと、改善は行えない。締切の重圧を抱えたままでは、改善に必要とされる思考ができない。

改善の際は、自分の限界に挑んで、あらゆる角度からさまざまな視点に立って考えることが求められる。

では、**改善はいつ行えばいいのか？**

まずは、やってはいけないタイミングについて説明しよう。チームが献身的に生産やプロジェクトに取り組んでいるときは、赤ワークの真っ最中なので、改善に適さない。リーダーとして、チームが赤ワークに取り組むのを見ているうちに、改善できる点があると気づいたとしよう。そうすると、すぐに作業に割って入って口を出し、彼らの「役に立とう」としたくなる。彼らの注意を引きつけて自分の提案や意見を述べたい。いまそうしなければ、チームは間違った方向に進み続ける、などと考え始めるのだ。

だが、この誘惑に負けてはいけない。

そんなことをすれば、**作業の方向性が変わり、無駄が生まれる。作業への過剰な干渉となり、チーム内に不安が生じる恐れもある。**

そうではなく、その「いいアイデア」は（ほかの人のアイデアと一緒に）記録しておき、中断の時間がきたら、青ワークで検討するようにしよう。

これができるようになるには、秩序と自制が必要になる。

赤ワークに「区切りをつけた」あとで実施しよう

改善は、赤ワークを予定どおりに終えたあとで実施しよう。

私が艦長だった潜水艦では、改善の時間のことを「批判の時間」と呼んでいた。その時間はどうしても批判されているような気持ちになるので、厳しい時間になることが多かった。

ただし、乗員の行動が批判されるとはいえ、ルーティンとして改善の時間を設けることに慣れてくると、赤ワークがうまくいった、いかなかったに関係なく、乗員たちは批判を有効に生かせるようになった。

「継続的な改善」という表現は、改善の生じ方を正確に描写していないと私は思っている。改善は何度も生まれるものであり、積み重ねていくものだ。

改善（青ワーク）を繰り返し行うことで、工程や製品に変更を重ねていく。改善の時間は、テストや実験（赤ワーク）で現実を知り、結果を観察したあとに置く。**改善という工程（学習プロセス）は、斜面ではなく階段をイメージするのが正しい。**

私は「継続的な改善」を求めるが故に、自分のチームの邪魔をしたことがある。あなたにも同じ経験があるかもしれない。

そうした態度をとる人は、「いいアイデアを囁く妖精」と呼ばれる。メンバーが作業しているところに不意に現れて、詳しい理由も説明せずに改善を提案するからだ。

私が新しいアイデアをチームに話したところで、彼らは私のようにはワクワクせず、私のアイデアと当初の計画のあいだで板挟みになっていたようだった。

思いついたアイデアや意見はすべて、次の青ワークの時間までとっておくこと。やり終えた赤ワークについて労い、反省するなかで、ほかのアイデアとともにチームで一緒に検討し、どのアイデアを取り入れるかをみなに決めてもらうといい。

赤ワークにとりかかる時点で、改善を行う時間をスケジュールに組み込むようにすれば、思いついたアイデアを、発表に適したタイミングまでとっておく秩序が生まれる。

次の青ワークの時間を事前に計画するという発想は「時計を支配」することの一環であり、その時間がくるまでの作業に責任感を持って取り組むためのものである。

優秀であろうとする自分と、もっとよくなりたい自分の対立

改善は昔から行われてきたが、昔といまでは大きく変わった。産業革命時代は、階級によって青ワーカーと赤ワーカーに分かれ、改善の責任は青ワーカーが担っていた。彼らが赤ワーカーを観察し、判断を下すのだ。赤ワーカーは自己評価を求められなかったので、内省による心理的な混乱は生じなかった。

いまは、誰もが赤ワークと青ワークの両方を行う必要がある。誰もが赤ワーカーと青ワーカーの両方になるのだ。それを実現するには、生産者という役割から脱し、改善者として客観的な目で生産を振り返ることのできる能力が必要となる。

だが、人は過去に行った自分の仕事に思い入れを持つものなので、過去の仕事はもっとよくなると認めさせることは難しい。よって、**証明の思考心理から改善の思考心理に移行する手助けをする必要がある。**証明の思考心理から離れ、自分は過去に自分が行ったことと無関係なオブザーバーだと認識できるようにするのだ。過去に成し遂げた仕事にしがみつき、自分は優秀だと認識されたい自己のことを**「優秀であろうとする自分」**と呼ぶことにしよう。

この「優秀であろうとする自分」を抑え込まないことには、**「もっとよくなりたい自分」**が顔を出せない。

「優秀であろうとする自分」モードに入ってしまった人の言葉

改善を呼びかけると、それだけで衝突が生まれる。次の実行の際にどこを変えるべきかを話し合うということは、前回作業をした人がもっと配慮していれば、あるいは彼らの能力がもっと高ければ、よりいいものになっていたのに、と暗に批判することになるからだ。**改善の思考心理は、「優秀であろうとする自分」と「もっとよくなりたい自分」の衝突を生む。**

「優秀であろうとする自分」は、自分のことを有能でよく働いて信頼できる、優秀な労働者だと思いたい。チーム内での評判維持ということだけではなく、自尊感情のためにもそうした評判を守ろうとする。

どんな人のなかにも、「優秀であろうとする自分」は必ずいる。自分は優秀だと思えば、自分の仕事に対していい気分になれる。

人は、「自分は優秀だ」との思いが脅かされることには敏感で、脅威を感じると身構える。

「優秀であろうとする自分」モードになっていると、次のような言葉を口にする。

◆「自分は何ひとつ間違わなかった」
◆「最善を尽くした」
◆「次回も同じようにやると思う」
◆「そうしたがったのは君じゃないか」
◆「いつもこのやり方でやってきた」
◆「これをずっとやってきたのは私だから」
◆「君のほうがわかっているとでも言いたいのか？」
◆「まだ着任したばかりだからね。なぜこのやり方なのか、君にもそのうちわかるよ」

疑問を投げかけられたり、別の視点を提示されたりすると、「優秀であろうとする自分」

は自衛に走る。『アナと雪の女王』の制作チームが「優秀であろうとする自分」モードになっていたら、すでにできあがった作品を必死に守ろうとしただろう。

だが、**人は「もっとよくなりたい自分」という自己も持つ。**「もっとよくなりたい自分」は学習と成長を求める。新たな自分を探そうとするのだ。

こちらの自己は、チャレンジ精神が旺盛で、他者のものの見方や考え方に興味津々で、学習や改善を公然と求める。

新たな発見を求めて調査に乗り出す、新しいレストラン探しに喜びを覚える、あるいは今日の結果を前日の結果と比較するというときは、「もっとよくなりたい自分」が満たされているときだ。

「優秀であろうとする自分」と「もっとよくなりたい自分」は折り合いが悪い。もっとよくなりたいと思うなら、これまでの自分の決断、信念、知識から距離を置き、学習と成長を促さないといけない。過去の行動に自尊感情が結びついていると、前向きな変化のことを自己破壊の一種に感じてしまう。

「もっとよくなりたい自分」モードになった人の言葉

「もっとよくなりたい自分」モードになっていると、次のような言葉を口にする。

◆「もっと詳しく教えて」
◆「あなたにはどう見える?」
◆「こうなる前に何があったと思う?」
◆「ほかにどんな見方ができそう?」
◆「君の視点からはどう見える?」
◆「ほかのやり方には何がある?」
◆「どうすればもっとよくなっただろう?」

「優秀であろうとする自分」になって自分を守ろうとする言動は、「もっとよくなりたい自分」モードのときに出てくる探求する言動を抑えつけ、押しのける。

そういうモードの自分から脱するには、「もっとよくなりたい自分」を呼び出して、そのモードのときのふるまいや言い回しに変えることが必要だ。「優秀であろうとする自分」が脅かされても、冷静に対処するのだ。

赤ワークと青ワークが揃って学習が生まれる

ハーバード・ビジネススクール教授のエイミー・エドモンドソンは、学習と改善を支援する文化のない組織では、社員が「もっとよくなりたい自分」モードを稼働させるのは非常に困難である、と指摘した。

2002年のレポートで、彼女は次のように述べている。

そういう状況で学習や改善を行うには、他人に質問する、協力を求める、有効性が証明されていないことを試す、フィードバックを求めるといった行動をとることになる。

学習と改善への支援がない組織でいま述べたような行動をとると、無知や無能さの表れだとか、人の邪魔をしているとみなされる恐れがある。

チームとして「よくなろうとする言動」を奨励せず、そうした行為に報いなければ、独創的で新しい解決策を学習し生み出す機会は減少する。

有能であるという印象を植えつける目的で「優秀であろうとする自分」モードになるこ

とも、積極的に周囲の意見に耳を傾ける「もっとよくなりたい自分」モードになることも、判断はその人しだいだ。

声をあげたら無知や無能とみなされるリスクがあるとか、間違ったときにほかに気づく人がいないという状況なら、そのまま黙っておこうと考えるようになる。

エドモンドソンは、学習には「挑戦の繰り返しと反芻」が必要だとも強調する。彼女の言う挑戦は、実行する赤ワークのことであり、反芻は思考する青ワークを指す。**赤ワーク、青ワークのどちらかだけでは学習は生まれない。この2つの機能が協力し合うことで成長が促進されるのだ。**

青ワークの次に控える赤ワークを、何かを成し遂げる時間ではなく学習のための時間ととらえると、障害に直面したときの耐性が確実に高まる。

「自分は優秀」モードの人ばかりでは改善は生じにくい

改善の際に、**本当の意味で自由に意見を交換できるようになるには、他者のアイデアや行動に疑問を呈することが必要になる。**組織全体で「もっとよくなりたい自分」になることを奨励されていれば、誰もがフィードバックに感謝するので、疑問を投げかけても緊張感は生まれない。

しかし残念ながら、そういう組織はほとんどない。というのは、人はみな「自分は優秀だ」という考えに引き寄せられるからで、自分以外の人もそうだと知っているからだ。そのせいで、他者に疑問を投げかけることは、社会的にタブーとされている。もし疑問を呈してしまうと、グループから疎外されかねない。

改善の時間に全員参加を促すと、自律性が失われるリスクもある。社員はみな、もし自分の力不足を認めたら、上司の管理下に置かれて自由が制限されるかもしれないという不安を抱えている。

そのため、すべて問題なく順調にいっていると相手に思わせることのできる部分だけを選んで透明化したがる。

「すべてを透明化すれば、上司が自分たちの仕事に介入してくる」という先入観は、どちらの側にも問題行動を招く。

部下の側は、上司の介入や自律性の喪失を回避しようと情報を隠す。そして、情報の一部が隠されていると上司が気づけば、上司は部下の仕事への介入を強め、情報の更新や報告を要求する。これでは、不透明化がますます助長されるばかりだ。

一方、**青ワーク—赤ワーク—青ワークのサイクルを取り入れていれば、そうした問題行動は自然に予防される**。青ワークの時間があるとわかっていれば、変更するのはいまやっている赤ワークを終えてからでいいと思えるようになる。次の青ワークの時間に、それまでにたまった「いいアイデア」を検証してランクづけし、実行に移すかどうかを決めることができるのだから。

では、「優秀であろうとする自分」ではなく、「もっとよくなりたい自分」を稼働させるためにはどうすればいいのか？

「改善」は内発的モチベーションを超えた先にある

産業革命から実行する者と決断する者を分けるという階層分けが生じたことにより、経営者たちは外発的モチベーションを通じて、労働者に誰かが勝手に決めた作業を強要しなければならなくなった。

外発的モチベーションは、アメとムチによる動機づけだ。好ましくない行動には罰を与え、好ましい行動には報酬を与える。ここには、立場が上の者には下の者を裁く権利が与えられるという発想が潜んでいる。

そして、個々の内側からの動機づけを内発的モチベーションと呼ぶ。人々の仕事が肉体を動かすだけの単純作業でなくなれば、個々の内側から動機が生まれるほうが優れた働きをする。

独自の発想を使う仕事になると、個々にできることが増えるからだ。**独自の発想を使う**

仕事において、合格点という仕事と素晴らしい仕事のあいだの差は大きく開く。

心理学者のエドワード・デシとリチャード・ライアンは、**人として健全な行動を誘発する内発的モチベーションの重要性**について研究している。

彼らは調査を通じて、内発的モチベーションの基本となる要素を特定した。それは、有能さ、関係性、自律性の3つだ。いまなお続く調査から、この3つは人間にとっての基本的な欲求であり、ほぼすべての人に必要とされていることがわかっている。

①有能さ＝自分には素晴らしい技能があるという実感
②関係性＝他者とつながっているという実感
③自律性＝自分の人生にとって大切なことがらを自分でコントロールしているという実感

デシとライアンは、彼らが考案した理論を**「自己決定理論」**と名づけた。

自分を守ろうとする人が使いがちな言い方

自己決定理論では、内発的モチベーションの重要性に加えて、「優秀であろうとする自分」の影響力についての説明もある。改善を行っているときに、「優秀であろうとする自分」はどういう言動をとるのか？

いくつか例をあげよう。

◆「その訓練は受けていません」――能力不足の責任を自分以外に転嫁している。

◆「そのようにやった理由を説明させてください」――会話の主導権を握り、よくない成果から自分の行動を切り離そうとしている。

◆「もちろん、そうしていましたよ。時間さえあれば……」――成果の責任を時間の制約に転嫁し、自分の能力の問題ではないと主張している。

◆「ジョーが最善を尽くしたのはわかっているが……」――ジョーの技能を擁護し、ジョーとの関係性を守ろうとしている。

◆「みんな最善を尽くしたと思う。よかった点に目を向けようじゃないか」――相手を非難しないことで関係性を守ろうとしている。だが、完璧でなくてもよかった点は必ず見つかる。完璧でないとその人のいい面について考えることができないのであれば、それはかなり問題だ。

◆「心配いらない。ちゃんとコントロールできている」――曖昧な表現で自律性を守ろうとしている。

◆「われわれがケアしているということさえクライアントに伝わればいい」――これも

また、曖昧な表現を使って仕事に対する自律性を守ろうとしている。

改善の4つの方法

改善には4つの方法がある。改善を行うときは、次のことに意識を集中させる言葉を使おう。

1. 後退ではなく前進に意識を向けよう
2. 内側ではなく外側に意識を向けよう
3. 人ではなくプロセスに意識を向けよう
4. ミスの回避ではなく、偉業の達成を目指そう

方法1　後退ではなく前進に意識を向けよう

「自分は成長できる」と信じる気持ちと、自分の行動のコントロールには、強いつながりがある。そしてこのつながりが、「もっとよくなりたい自分」を呼び覚ますカギとなる。改善で前進することに意識を集中させるのはそのためだ。

前に進むことに意識を向けていると、次のような疑問を投げかけられるようになる。

◆「次はどこを変えるといい?」
◆「次の赤ワークの工程は、どのように変えるべきだろうか?」
◆「今回うまくいって、変えないほうがいい部分はどこ?」
◆「あのときに戻れるとしたら、自分に何を伝えたい?」
◆「次回の教訓にしたいことは何?」

方法2 内側ではなく外側に意識を向けよう

人は本能的に、自分や自分のチームを守ろうとする。「もっと違うやり方があったのではないか」とまわりから責められまいと身構えるのだ。だが意識を他者に向けると、次のような言葉が出てくるようになる。

◆「このプロジェクトを誰かに引き継ぐことになったら、さらなる成功を促すために何と言う?」
◆「役員たちはわれわれのどこを変えてほしいと思っているだろう?」

◆「顧客のためにもっとできることはないか？」

また、次に紹介する例のように、適切な言葉を使うと、改善を推し進めたいという気持ちが高まって、「ミスを回避するため」から「偉業を成し遂げるため」にできることへとチームの視点が移る。

◆「ここでは何が正しいかに意識を向けて、それを自分たちの礎にしよう」

これはまさに、ピーター・デル・ヴェッチョが『アナと雪の女王』の制作チームに向かって言ったことだ。**うまくいっていないことではなく「正解となりうるものは何か」を考え、そこを出発点にしてほしい**と告げたのと同じだ。

彼のその言葉のおかげで、チームのメンバーは本物のイノベーションに必要な思考心理になることができた。

方法3　人ではなくプロセスに意識を向けよう

プロセスに意識を向けることには、過去にしたことを守りたいという気持ちを弱める効果もある。それは、決断を下した人や行動を起こした人ではなく、行為そのものに注意が向くようになるからだ。プロセスに意識を向けると、次のような言葉を口にするようになる。

◆「作業そのものに目を向けると、どこが改善できると思う？」
◆「どうすればこれをもっとよくできるだろう？」
◆「プロセスで改善できる部分はどこ？」

方法4　ミスの回避ではなく、偉業の達成を目指そう

ミスを避けようとしていると、何もしなければいいと思うようになり、「優秀であろうとする自分」から抜け出せなくなる。

ミスを避けたいなら、何もせず、何も決めずにいるに限る。行動しなければ、ミスは起こらないのだから。

また、ミスを避けている限り、やる気は刺激されない。「前より悪い状態にならない」という後ろ向きな目標から刺激を受けるという人は、ほぼ皆無だろう。

一方、何か偉大なことを成し遂げられる可能性を抱けば、人は刺激を受け、心を動かさ

れる。

「もっとよくなりたい自分」が「優秀であろうとする自分」に立ち向かおうとしたとき、前より悪くならなければいいという弱いモチベーションでは、「優秀であろうとする自分」を維持したい気持ちに打ち勝てない。

必要となるのは、本当に特別な何かを成し遂げられる可能性から生まれた強いモチベーションだ。

改善には、時系列表の作成が役に立つ

改善を行うときは、起きたことのまとめから始めるのが基本だ。オペレーション上の重大なミスがあった場合、改善の時間は組織として正式に学習するための時間となる。**起きたことをまとめるには、時系列表を作成するといい。**いちばん基本となるのは、赤ワークを行ったときの時系列表だ。エルファロを例にあげると、次のような出来事が含まれることになるだろう。

○日○時：ジャクソンビルを出港。
○日○時：熱帯低気圧「ホアキン」がカテゴリー1のハリケーンに認定される。

○日○時：コース１２０に到達。直進ルートのままプエルトリコへの航海を続行。
○日○時：20フィート（６メートル）の高波に遭遇。
○日○時：舵が思うようにとれなくなり、操舵装置の警報機が故障。
○日○時：潤滑油装置が停止。

赤ワークで起きたことを時系列に沿って描写するときは、**実行した人の氏名ではなく、役職や肩書きを使う**。この時系列表は、赤ワークとそれを実行した人々が置かれていた物理的な条件を表すもの、というとらえ方もできる。

赤ワークの次は、青ワークの時系列表を作成する。こちらでは、主要な決断とそれを決めた人物を特定する。

○日○時：大西洋で温帯低気圧が発生したとの情報を入手。ジャクソンビルからプエルトリコまで、直進ルートでいくと船長が決定。
○日○時：推進プラントに使用する潤滑油の節約を機関長が進言。許容範囲ではあるが、潤滑油の量が低下している。
○日○時：熱帯低気圧「ホアキン」がカテゴリー１のハリケーンに認定される。直進ルートから変更なしと船長が決定。

○日○時：ラムケイの分岐点を通過。船長の命令により、直進ルートを続行。
○日○時：船長が船からの退避を命じる。

決断者の特定＝犯人捜しではない

ときには、決断を下した人の特定に苦労したり、人を特定することに対して神経質になったりすることがある。

決断を下した人をチームで特定できないなら、それはたいてい、誰が責任を担うのかが不明瞭で、決断のプロセスが曖昧であることの表れだと思えばいい。

決断を下した人の特定に神経質になるのは、心理的な安全性が低いことの表れであり、その組織のミスの扱い方がわかるというものだ。ミスをした人を責める組織では、決断した人として特定されることを誰もがためらうだろう。それどころか、決断すること自体をためらっても不思議ではない。

一方、社内で誰かが下した決断のことを、やる気がある人から自然に生まれる成果としてとらえる組織では、決断した人の特定に怯える気持ちは和らぐ。いずれにせよ、決断した人の特定は、氏名ではなく肩書きで行う。

決断は、チームではなく個人によってなされるものだ。企業には、素早く動けること、大胆な決断（仮説）を生み出せること、それを試せることが求められる。**すべての決断に誰もが「賛成」することはない。それはそれで問題ない。**

「この決断は正しいのだ」と、反対した人全員の説得を試みたところで、反対した人に過剰な権力を与えることになり、前へ進まなくなる。

反対した人が権力や関心を手にすることになれば、議事進行の妨害が増える一方だ。とはいえ、誰もが自由に声をあげられて、意思決定プロセスのなかで敬意を持って真摯に検討してもらえるという意識を各人に育むことは絶対に必要だ。

時系列表の完成形には、青ワークの内容も含まれる。要は**決断が下されるまでの過程をまとめるのだ。**エルファロでは、次のような時系列表があってほしかった。

○日○時：熱帯低気圧「ホアキン」がカテゴリー1のハリケーンに認定されたとの情報を入手。直進ルート、オールドバハマルートのいずれにするかを決めるため、船内の高級船員に招集がかかる。

意見は分かれ、機関長と二等航海士がオールドバハマルートを選択。最終的に、直進ルートをいくと船長が決定。ラムケイの分岐点を次の決断ポイントとすることも決まる。このポイントには午前0時に到達すると思われる。

エルファロはチームで考えられたのか

正しく改善を行おうとする努力には、「優秀であろうとする自分」を追いやるだけの力があるのか？　適切な状況下であれば、答えはイエスだ。

青ワークにチームで取り組むときは、各自の知識を全員で共有し、一人ひとりが見ているものを全員で見る必要がある。

チームで考えるときの理想的な条件には、多種多様な考えが出ることや、個々が独立して判断できることなどが含まれる。的確な言葉でもってそうした環境をチームのために確立すれば、メンバーがひとりで考えるよりも優れた決断がつねにできるようになる。ちなみに、「投票をしてから議論をする」が青ワークの効果を高める理由もここにある。

チームで考えるという観点からエルファロを見てみよう。三等航海士が真夜中近くに船長に電話をかけたときのことを覚えているだろうか？

彼の話しぶりはたどたどしく、自分の意見に価値を見いだしていなかった。話す前からすでに、彼は不利な立場に置かれていた。というのは、航路変更が可能なラムケイ分岐点の通過を、話し合いを行う機会としてとらえていなかったからだ。

そうして彼は、間違いだと気づいていても指摘できなかった。直進ルートを進むのは間違いだと叫べば、船長との関係性が脅かされると感じたのだ。

深夜を過ぎると、今度は二等航海士が船長に電話をかけたが、彼女も同じ不安を背負っていた。船長を立てる態度をとったのがどちらかだけなら、個人の問題として説明できただろう。

だが、2人ともが同じ態度だったので、ここは船長が構築した環境についてじっくり精査する必要がある。

エルファロの船員たちは、プエルトリコまでの航海を学習の機会ととらえていなかった。そのため、ラムケイで判断を下すときに役立つ情報を集めたり、自分たちがとっている行動についてじっくり考えたりできる状態ではなかった。

だからといって、一切の思考活動を放棄していたとは限らない。だが考えていたとしても、それは、そんな環境にもかかわらず自ら思考したということであり、思考に適した環境は決して整っていなかった。

赤ワークで実施したことを振り返り、もっとよくすることが改善である。

改善は周囲との協力を通じて生まれる。正しく協力するには、⑥「垣根を越えてつながる」ことが重要となる。これが次章のテーマだ。

第8章

チームに心理的安全性が足りないと思ったら

――「序列第一」を打破するやり方

上に気を遣いすぎるとどうなるのか

「安全第一」を掲げる組織は多いが、人々がとる行動は実のところ「序列第一」だと言える。

恐怖心をみくびってはいけない。**統制と遵守が強く根づいている環境にあっては、恐怖心に常識が歪められても不思議ではない。**

「疑問を持たず、命じられたとおりに行動すべし。そうしなければ深刻な事態に陥る」

と繰り返し徹底して刷り込まれれば、その組織で働く人々は、何をするにもそれが命令どおりの行動かどうかを確認するようになる。**疑問を持つたびに息が詰まりそうになる思いをしていれば、しだいに自ら行動を起こさなくなっていく。**

エルファロの高級船員たちは、船がハリケーンに向かって進んでいるとわかっていた。自らの命が危険にさらされるなか、彼らには、舵手に方向転換を命じて航路を変更することができた。

だが彼らがとった行動は、緊張した様子で自虐を交えながら、船長に向かってたどたどしく進路変更を提案することだった。切迫した状況で直ちに計画の変更を強行する必要があったのに、なぜ船長とのやりとりがそうもたどたどしく説得力に欠けるものとなったのか？　しかもそのやりとりは、船長から、電話をかけることや行動をとることを「ためらうな」と言われたあとに起こっているのだ。

必要に応じた行動、ものごとをわかっている人間による判断、深刻な脅威についての率直なやりとり。これらを阻むものは、いったい何なのか？

それはやはり、人々が抱える恐怖心、権力の勾配、心理的安全性の欠如が根底にある。

「垣根を越えてつながる」とは

この章で取り上げる新しいやり方⑥の**「垣根を越えてつながる」**は、恐怖心への対抗手段となるものだ。垣根を越えてつながることで、実際に見たものや思ったことを安心して口にできるようになる。

ほかに誰ひとりそれを見たり思ったりしていなくても、正しいと99パーセント確信できなくても関係ない。つながることで、多様な考え方や意見のバリエーションを後押しする条件が整う。無気力だった人が行動を起こすようになる。

垣根を越えてつながることは、青ワークの有効性を高めるカギだ。これにより効果的な意思決定を下せるようになる。また、考えることから行動を起こすことへの移行が促されるので、赤ワークをやり遂げる力を支える役目も果たす。

ところが、「垣根を越えてつながる」は、産業革命期に誕生したやり方のなかには存在しない。あるのは「同化」だ。与えられた役割への同化を求められている。私は経営者で、君は従業員。あなたは船長で、私は船員。私は親で、おまえは子供。あなたは先生で、私は学生、という具合だ。

青ワーカーと赤ワーカー、監督者と作業員に立場が分かれている環境にあっては、垣根を越えたつながりは不要とみなされるどころか、求められもしない。何よりも求められるのは、序列のなかの各自の役割に同化することだ。

誰かの下につく立場なら、チームの優秀な一員となることが求められ、波風を立てる、誰も認めたがらない事実を口にする、上司が決めたことに異を唱える、といった行動は避けなければならない。上の立場なら、感情を切り離し、部下とは距離を置き、立場と権力を使って部下に作業を強要することが求められる。

産業革命時代の監督者は、職場から一切の感情を排除することを望んだ。彼らの仕事は唯一、経営者が決めた作業を労働者に行わせることだった。つまり、労働者に作業を強要して統制し、彼らを従わせればそれでよかったのだ。

もちろん、いまではそうした言葉は使われず、**「やる気を鼓舞する」**や**「刺激を与える」**といった表現が使われる。だがその意味するところは、人を操って何かを強要することに変わりはない。

垣根を越えるとは、他者を気にかけること

他者の仕事を決める立場にある人は、その人たちと一定の距離を保つ必要がある。つながりが生まれると、生産性が損なわれる恐れがあるからだ。

序列の構造が細部まで行き渡り、厳格な規則を通じて、馴れ合いをよしとしない職場環境は数多い。海軍もそのひとつに該当する。規則を設けている目的は、仕事の割り当てや昇進に友情が影響しないようにするためだ。

産業革命の時代には、垣根を越えたつながりが入り込む余地はなかった。**「垣根を越えてつながる」とは、他者を気にかけることである。**他者が何を考えているのか、どのように感じているのか、個人的な目標は何かを気にかけることだと思えばいい。

要は、権力ある立場から判断を下すのではなく、隣に並んで応援する立場をとるのだ。

これは、**相手の考えや行動をすべて受け入れろという意味ではない。**相手の行動が不本意な結果を招いてもかばえ、という意味でもない。感情の露出をむやみに阻もうとする人為的なものを職場から取り除き、安心を感じられるようにするという意味だ。

安心感を得られない場所では、自分のことを気にかけてもらえていると感じることはない。高い目標に向かって努力することもできないし、思っていることを自由に口にしていいと感じることもできない。

組織が掲げる「安全第一」は、労働者の心理的な安全と設備の安全を意味するのが一般的だが、職場の安全性は、誰もが自らの目で見て考え、異論や反論を自由に口にできるようになることで高まる。

反論や異論、聞きたくない意見を抑圧していては、労働者の心理的な安全は生まれない。

異論や反論を積極的に歓迎し、それについての議論を積極的に行う仕組みを確立する必要がある。

心理的な安全は、意見の多様性に価値を置き、さまざまな視点を大事にする文化から生まれるのであって、それらを非難したり遠ざけたり避けたりしてはいけない。

「垣根を越えてつながる」ための4つの方法

「垣根を越えてつながる」とは他者を気にかけることである。その方法は4つある。

1. 権力の勾配を小さくしよう
2. 知らないことは知らないと認めよう
3. 弱さを見せるようにしよう
4. 自分が先に相手を信頼しよう

「垣根を越えてつながる」は、青―赤―青のサイクルのどこにも当てはまらない。ほかの取り組みをできるようにするための土台となる特殊なものだ。

たとえば、働きに注目して労い、やり遂げた仕事について語る場を設けるといったことは、垣根を越えてつながることでやりやすくなる。また、つながることで安心感が生まれ、誰もが口を開きやすくなり、「優秀であろうとする自分」を抑え込みやすくなる。

本書で紹介してきた新しいやり方を取り入れようとすれば、与えられた役割に同化して所定の責務を果たすという産業革命時代のやり方が大きな障害となる。

それに立ち向かうには、垣根を越えてつながることが必要だ。**つながりが生まれることで、時計の支配、連携をとる、責任感の自覚、区切りをつける、改善するといったことの効果が高まる。**

方法1　権力の勾配を小さくしよう

垣根を越えたつながりについて理解したいなら、権力の勾配を通して考えてみるといい。権力の勾配の尺度となるものはいろいろある。給与や賃金、オフィスの広さ、絨毯の厚さ、専用の駐車場や食堂といった物理的な区別、特定の会合に参加できる資格、袖に入るラインの本数、座る位置（いちばん偉い人からの距離）、アシスタントの数と能力の高さ（性別も含む）、発言が許される時間、遅刻の許容、つまらない冗談を言ってまわりが笑うかどうか……。

もっとわかりづらい尺度もある。それは会議の場で多く見受けられる。たとえば、誰が議長を務めるか、誰が議論をまとめるか、誰が行動を割り当てるか、といったことだ。その会議で誰に注目が集まるか、ということも尺度になりうる。

チームで集まるというごくふつうのことにも、発言者がチーム全体を見て話すか、その場の「ボス」を見て話すかに権力の勾配が表れる。

権力の勾配が大きいところにははっきりとした境界がある。たとえば、医師と看護師、パートナーと非パートナー、政治任用官と政府職員、パイロットと客室乗務員、経営者と従業員などだ。また、あなたと上司の稼ぎに莫大な差があれば、同じ額を稼いでいる場合に比べて権力の勾配を強く実感する。

権力の勾配は、情報の検閲と正比例の関係にある。権力の勾配が大きい会社の社員は、情報を慎重に検閲してから上司とやりとりする。悪い知らせを排除したうえでメールの文面を組み立て、上司から何か提案があれば、いいと思ったにせよ、悪いと思ったにせよ、沈黙を保つ。そして、良し悪しが勝手に判明しますようにと祈る。

権力の勾配が大きいと情報の流れが悪くなる

権力の勾配が大きいところでは、「一歩ずつ」のやりとりに限定される。指揮系統を飛び越えることは、社会的にも序列的にもタブーとされている。

権力の勾配が小さくなれば、安心感が増し、結果的に情報を検閲する行為が減る。社員は上層部に対して真実を話すようになる。ありのままを伝え、ミスを認め、悪い知らせを伝えるようになる。「優秀であろうとする自分」を抑えて「もっとよくなりたい自分」を受け入れられるようになる。

権力の勾配は真っ先に感情に訴えかけてくるので、強大な権力を持つ人しだいで、権力を持たない人に自らの価値を実感させることや、強大な権力を持っている人々と対等に近づいたと感じさせることができる。そうなれば、権力を持たない人々が率先して口を開くようになる。

だからこそ**リーダーは、権力の勾配に敏感になり、自ら勾配を小さくすることに努めなければならない。**

権力の勾配を完全になくすべきではない

とはいえ私は、権力の勾配を完全になくすべきではないと思っている。仮に勾配をなくすことが可能だとしても（そういう主張はあるが、私は一度も実際に見たことがない）、勾配がなくなれば不要な曖昧さを招く。誰に何を決める権利があるかがわからなければみなが混乱するし、明確な境界線がなければ、無理をせず無難な行動をとるのが当たり前になる。

産業革命期には、実行する者と決断する者の分断を意図的に目指していたので、さまざまな手段を講じて権力の勾配を大きくしていた。たとえば、物理的な分断、経営陣専用の食堂や駐車場の設置、着衣やヘルメットの色の違いなどだ。**そうした象徴を排除することは、勾配の補正の第一歩として最適だ。**

発言の割合も、権力の勾配の尺度となる

発言の割合もまた、権力の勾配の尺度となる。エルファロでの会話の記録を見ると、船長を交えた会話では必ず、船長の発言の割合が相手よりも多かった。さらには、高級船員から役職のない船員と立場が下がるにつれて、発言の割合が減っている。

ブリッジにいた3人の会話では、船長と高級船員が話すあいだ、優秀だが役職のない船員はわずかに3語発しただけだった。

ブレーンストーミングを行うワークショップに参加したことのある人なら、議長役やリーダーから、「この場に上下関係はない」ので互いに下の名前で呼び合い、発案者が誰であれ、すべてのアイデアを長所にもとづいて評価すると告げられたことがあるのではないか。

こうした演習が行われるのは、権力の勾配の大きさが仕事の思考の部分に害をなすという認識があるからで、生まれているかもしれない権力の勾配に対抗することを目的としている。

しかしながら、それらは応急処置のようなやり方なので、演習に参加してもわざとらしく感じ、しょせんその場限りのものだと思うだろう。権力の勾配を小さくするためのアプローチは、日常業務に取り入れられるもののほうがいい。

私が上だと知らしめるための言葉

権力の勾配が大きいと、立場が上であると知らしめる必要があると言わんばかりに、上司があからさまに権力を振るうことがある。そういうときは、次のような表現がよく用いられる。

◆「ここでいちばん偉いのは私だ」
◆「私がそう決めた」
◆「ここは私の会社だ」

資格や経験年数の強調もまた、権力の勾配をまわりに知らしめるために使われる。

◆「ここには君より私のほうが長くいる」
◆「私は○○大学の出身だ」

◆「私は認定された技術者だ」

いまあげたような言葉は、**思考の多様性を減らし、バリエーションを失わせる。バリエーションは青ワークの助けとなるものなので、それが減れば青ワークを行うチームの能力が損なわれる。**

権力の勾配が大きいと、権威を笠に着た言動も生まれやすくなる。そういう組織では、次のような言葉が飛び交う。

◆「やれと言ったのは上司です。私はそれを伝えているだけです」
◆「規則ではそうなっています」
◆「それが我が社の方針だ」

こうした言葉もやはり、意見や思考のバリエーション、意思決定や責任の発生を抑制し、人々から当事者意識を失わせる。また、人間性も奪われる。

権力の勾配を小さくするための言葉

権力の勾配については、大きくするのではなく小さくすることに努めるべきだ。それには次のような行動をとるといい。

●物理的、感情的を問わず、分断するのをやめて、垣根を越えたつながりをつくる。
●誰かに対して、または誰かのために何かをするのではなく、誰かと一緒に何かをする。
●権威を強化するのではなく、権威を弱める。
●批判ではなく、観察したことの描写を心がける。

例をあげよう。

◆「君に決めてもらう必要がある」（決断の押しつけ）
◆「これは君にやってもらわないと」（決断の代行）

いまあげたような言い方では、相手に対して、あるいは相手のためにあなたが何かをすることになる。そこで、次のような言い方に変えてみてほしい。

◆「これについて一緒に決めてもらいたい」（決断の共有）

子供の躾を例にあげると、

◆「ちゃんと靴紐を結ばないなら……」（行動の強要）

◆「さあ、靴紐を結ぶね」（行動の代行）

ではなく、次のように変えるといい。

◆「靴紐を結び終わったら、一緒に出かけられるね」（行動の共有）

労いの言葉は、相手に対して、あるいは相手のためにかけ、結果的に権力の勾配を大きくする役割を果たすことが多い。とりわけ親が子を褒める場合に顕著だ。たとえば、

◆「本当によくやった」

という具合だ。そうではなく、自分が見た子供の行動を描写してみてほしい。

◆「遊びの誘いを断って、宿題に一生懸命取り組んでいたね」

◆「試験が終わっていい気分でしょう！」

権威を強化せず弱める場合はどうか。

◆「私は黒帯の師範だ。君の資格は何だ？」
◆「私は25年これをやっている。君はこれを始めて何年になる？」

こうした言葉に代えて、次のような発言を心がけてほしい。

◆「ここでは君の意見が重要だ」
◆「君の新鮮な目が新たな視点をもたらしてくれると思っている」
◆「君の経験が、われわれの決断にきっと役に立つ」

下の立場の人が権力の勾配を減らすためにできること

立場の低い人の側から、上の人に対する権力の勾配を小さくすることは難しいと思う。権力の勾配を大きくした側には、そうする理由があったのだし、立場が低い人が権力の勾配をなくそうとすれば、「傲慢だ」と思われ、社会的に不適切な行為だとみなされるだろう。

上司のオフィスに呼ばれていないのに入っていく、上司の背中を叩いて激励する、といったことをすればどうなるか？（どちらも基本的に避けたほうがいい）

あるいは、役員専用の食堂に許可なく入ったり、「重役会議」にいきなり現れたりしたところで、上の立場の人々は、権力の勾配をさらに大きくする必要があると思うだけだ。

権力の勾配を小さくするために、立場が低い人にできることは何か？ 勾配に正面から異を唱えることには慎重になるべきだ。意思決定のプロセスを直接変えようとするよりも、まずは話を聞いてもらう権利を獲得し、安心して最後まで話を聞けると上司に思わせることから始めるといい。

安心させるには、選択肢を提示すること、それから変化の規模を小さくすることが効果的だ。 商品の発表時期を上司が当たり前に決めている状況を思い浮かべてほしい。そういうときは、「商品の発表を遅らせるべきだと思います」と上司の決断そのものに影響するようなことは言わない。

「商品を発表する時期を決めないといけませんよね。その件について、チームとしての見解はどの程度役に立つでしょうか？」と尋ねる。これなら小さな変化であり、上司に選択肢を提示することになる。そして、決めるのはあくまでも上司であると念を押せば、権威を脅かすことにもならない。

私ならさらに、「どういう決断にせよ、チームで支えます」というひと言も添える。これにより、権威を脅かされる不安がなくなるばかりか、チームの忠誠心も再確認される。自分を助けるための提案だと思えれば、上司は安心できる。

権力の勾配を小さくする責任は、立場が上の人々にあるということを忘れてはならない。これは権力を持つ人にとっては難しいことだ。というのは、立場が下のほうが、権力の勾配を強く感じるからだ。

　立場が上の人は、そういうことを考えたり気にとめたりすることすらないかもしれない。もっとも、同じ立場の同僚や自分の上司とのあいだには、権力の勾配を感じているかもしれないが。序列で立場が上になる人が権力の勾配について理解するには、自分より立場が低い人にどう感じているかと尋ねるのがいちばんだ。

フィードバックという名の批判が役に立たない理由

　貨物船エルファロもそうだが、現場に潜む「恐怖心」は、他者から、それも社会から、批判、評価、査定されるという感情から生まれる。批判は優位に立つ人を生む。

　フィードバックの大半が役に立たず、それどころかマイナスの影響を与えるのはそのためだ。**批判できるということは、相手よりも強い立場にあるということの証しである。このことから、批判は権力の勾配をとりわけ大きくする存在だと言える。**

　加えて、批判は一般に、相手の方針に反する内容となる。たとえばこんな具合だ。

◆「○○すべきだった」
◆「○○したらいいのに」
◆「○○する必要がある」
◆「君は○○でしくじった」

こうしたコメントで動詞ではなく名詞を活用すると、棘が和らぐ効果が期待できる。

たとえば、「君は残念な仕事をする」と「君の仕事は残念だった」を比べてみよう。どちらのほうが批判的に聞こえるだろうか？　前者のほうが個人に対する批判を強調していると感じるなら正解だ。

不確かなことについて話しているときに、批判ではなく観察した意見を優先するには、動詞より名詞（「仕事をする」に代えて「仕事」）を使うようにするといい。感情が高ぶっているときは、使う言葉をこうして少し変えるだけで大きな効果が見込める。

方法2　知らないことは知らないと認めよう

何でも知っているという態度の人と、垣根を越えてつながるのは難しい。そういう態度の人は、他者の考えを気にかけない。よって、「自分の考えることにしか興味がない」という印象を受ける。

私は長年にわたり、「何でも知っている人」になることで生計を立てていた。すべての答えを知り、すべての決断が正解である人物でなければならなかったのだ。「わからない」と答えていいことは何もなかったが、その言葉を発するリーダーのほうが、チームをよい方向に導けると私は学んだ。

すべての学習は「わからない」という言葉から始まる

リーダーがわからないと認めると、メンバーもわからないと認めやすくなる。これは、決断について話し合っているときにとりわけ重要になる。決断というものは、決めたあとにならないと、それが別の決断よりいいものだったかどうかがわからない。かなり時間がたたないと判明しないケースもある。わからないとリーダーが認めると、チームやチームのメンバーが「わかっている」と認めやすくなる効果も生まれる。

リーダーが「わからない」と言えば、年若いメンバーから「○○なら私がわかります」や「こうしてはどうでしょう?」と声があがりやすくなるのだ。それに、すべての学習は「わからない」という言葉から始まるという点も忘れてはならない。「わからない」で終わりではなく、そのあとには次のような言葉が続く。

◆「……じゃあ調べてみよう」

◆「……どうやって試せると思う？」

◆「……だから実験しよう」

「ぜんぶもうわかっている」と言いながら、学習や発見の旅を始めた人はひとりもいない。

自分の知識や決断に確証を持てないときの言い方

自分の知識や決断について確証が持てない気持ちを伝え、傲慢に決めつけることを避けたいなら、次のような言い方を用いるといい。

◆「これはまだやったことがない」

◆「ここはわれわれにとって未知の海域だ」

◆「これについては、60パーセントの確信しかないと言わざるをえない。つまり、私が間違っている可能性が40パーセントあるわけだ」

◆「どちらの言い分もわかる」

◆「私の立場から反論する根拠は○○なので、○○の兆しに目を配っていてほしい」

リーダーとして、わからないことをわからない、あるいは１００パーセントの確証がないと認めれば、弱さを見せることになる。

産業革命期は強要がリーダーシップの基本だったので、弱さは欠点とみなされた。決断する側は、自分たちが決めた作業を実行する者たちにやらせなければならない。その作業が正しいという確証はないと認めれば、強制力が弱まる。そのせいで、決断する人々に、弱さを見せず不安を吐露しない姿勢が染みついてしまった。

だからこそ、次の方法は、垣根を越えてつながるための選択肢のひとつとなる。

方法3　弱さを見せるようにしよう

権力の勾配を小さくするには、弱さを活用することもできる。理論的には、立場が上がるほど自分を守る必要はなくなるが、**皮肉にも責任ある立場に就くと、人は弱さがないというオーラを必死でまとおうとする。**

弱さがないとアピールする言い方、不安を露わにする言い方

エルファロの船長がいい例だ。彼の発言には、弱さがないとアピールするものがいくつ

もあった。

◆「だから、今回は耐えるしかないな」

◆「大丈夫なはずだ。いや、『はず』ではだめだ。大丈夫にするんだ」

◆「この船は嵐を突っ切ることになる。ほかにどうしようもない」

◆「(すべて) うまくいくはずだ」

◆「おいおい。わかってないな。この船は方向転換しない。方向転換はありえない」

二等航海士は船長の言葉と現状が明らかに違うことを懸念しているが、その発言がなされたのは船長がブリッジを離れたあとだ。船長に懸念を伝えても大丈夫だと安心できなかったのだろう。**船長が本心を表明していれば、ほかの船員たちも安心して不安を吐露できるようになったはずだ**。

船長は次のような言い方もできたのではないか。

◆「われわれなら耐えられるはずだが、この条件下ではわからない。みんなはどう思う？」

◆「大丈夫なはずだが、状況の警戒を怠らないようにしよう。計画を変更して遠回りになるルートをとることになるかもしれない」
◆「われわれは大型のハリケーンに衝突する。私は少々怖い」
◆「みんなはこれについてどう思う？　私は興奮が冷めて、徐々に不安になりつつある」
◆「大西洋ルートをこのまま進むべきだと、どのくらい確信を持って言える？」

船長が不安を露わにしていたら、ほかの船員たちはそれに同意して、目の前の危険を危惧する気持ちを表明していいと感じることができていただろう。

弱さは決して欠点ではない。それどころか、垣根を越えたつながりを生み出せる、素晴らしく強力な武器となるものだ。

方法４　自分が先に相手を信頼しよう

産業革命時代に生まれた「信頼」は、次の2つの点で、一新する必要がある。当時のリーダーは、相手に先に信頼できる存在であると証明させることを当たり前としていた。それにより、観察ではなく批判する機会が自然と増えたことも、権力の勾配が大きくなった一因である。だが、**先に相手を信じるのはリーダーであるべきだ。**

自分が先に信頼するとは、善意を前提にするということだ。ただし、相手をつねに正しいと思うことと同義ではない。信頼は単純に、あなたの行動は組織の最善を思ってのことだと信じているということだ。だからといって、あなたの行動が100パーセント組織にとっての最善であるとは限らない。

この違いはとても重要だ。信頼の意味をきちんと理解していないと、異論は不信と同義になり、一度ミスしただけで「信頼できない人物」になってしまう。

誰かがミスをしたとき、リーダーとしてこう自問しよう

たとえば誰かがミスをしたときは、こう自問してほしい。**「組織のためになることをしようとしてミスをしたのか、それとも、組織のためとは別の動機があったのか？」**と。ときには、組織の目標にそぐわない動機が見つかることもある。とはいえ、リーダーが目的をしっかりと認識していなかったら、メンバーは思い思いに基準を設けて決断を下すことになるので、そのせいで生じたミスはリーダーの責任となる。

それを確認するには、**社員が下した決断が何を目的としているかを見ればいい**。たとえば短期的には利益を得るが、長期的にはかなりのコストがかかる決断であれば、組織の価値観とはそぐわず、組織の目的が社員にきちんと伝わっていないという問題があるとわかる。

また、未熟さから間違った決断を下すこともある。それはその人自身の能力の問題だ。

とはいえ、**組織の目的に即して決断を下そうとしているなら、その人のことは信頼すべきだ**。まずはリーダーが信頼すれば、信頼された人々の行動に影響が及ぶ。信頼されていると感じれば、これまで以上に仕事に熱心になり、会社にもっといたいと望むようになり、自発的に動くようになる。

信頼は、「あなたは正しい決断を下そうとすると信じている」という意味なので、「この決断に至った経緯を教えてほしい」とあとから尋ねることに問題はない（むしろ適切だ）。決断自体は信頼という感情の重みから切り離されているので、決断に関する議論は自由に行えばいい。

意思決定には論理だけでなく感情も重要

意思決定において、論理が不可欠であるのは事実であり、感情がごまかされることがあるのも確かだ。とはいえ、難しい決断を下すときに感情の助けを無視すれば、悲惨なことになる。**感情は決断にとって重要な存在のひとつだ**。

とりわけ、論理的に非の打ち所のない完璧な解決策を導き出せないとき、直近の成果か将来的な成果のどちらかを選ぶとき、主観が関係するときなどは、感情が重要になる。

考えることや決断を下すこと（つまりは青ワーク）の必要性が高まるにつれ、前向きな感情や安心感、弱さや不安を感じることのできる文化を育む必要性も高まる。

感情を伝えるという新たな形のコミュニケーションを機能させるには、意見を言っても大丈夫だとチームのメンバーが実感できるようになる必要がある。「もっとよくなりたい」という思考心理で働いていると、自分の能力不足が露呈したり、人間関係が壊れたりする恐れがある。そういう場面では、権力の勾配を正しく理解していることが重要になる。

組織における権力の勾配の大きさがコミュニケーションに与える影響は決して小さくない。信頼という側面からあらためて、その影響力を見ていきたい。

新参者と古参者の権力の勾配を減らすには

人は生まれながらにして、さまざまな権力の勾配に身を置くことになる。勾配の「既定路線」とも呼べるもののひとつが、新参者と古参者のあいだに生まれる勾配だ。

長く勤める社員が自らの「経験値」を口にすれば、「私のほうが先にここにきた」という立場の勾配が生まれる。新参者に対するいじめや儀式は、権力の勾配を強める役割を果たす。だがこの問題は根深く、対処するのが難しい。

権力の勾配自体は、高級な絨毯や会員権といったものに隠れて目に見えないが、その影響は、意思決定やイノベーション、場合によっては健康にまで及び、その影響力は強大だ。

人とのつながりを妨げる言い方、促す言い方

権力の勾配を強め、人々のつながりの妨げとなる言い方には次のようなものがある。

◆「私のほうが経験がある」
◆「私はやったことがある」
◆「私は会議の場にいた」
◆「そうしたいと上司から言われている」
◆「君はやったことがないから」

一方、権力の勾配を小さくする言い方は、つながりを促す次のようなものになる。

◆「これには君の新鮮な目が生きる」
◆「われわれのほうが長くやってきたが、君が改善点を見つける可能性はある」
◆「何かを改善するときは、さまざまな視点が役に立つ」
◆「君が見ているものを知っているのは君だけだ」
◆「私は何度もやっているので、客観的に見るのが難しい」

◆「このプロジェクトを発案したのは私なので、君たちより感情移入が強く、守ろうとしてしまう」

権力の勾配は、勾配が大きいほど情報（考えや事実）を上に伝えるのが難しくなる。ハーバード・ビジネススクールのエイミー・エドモンドソンは、新しいテクノロジーを採用する外科チームについて調査を行った。すると、外科医、看護師、職員間の権力の勾配が小さいチームのほうが、コミュニケーションが上下に行き交い、ミスの修正がうまく、学習をよく行っていた。そのおかげで、従来の序列に縛られたチームに比べて、新しいテクノロジーの導入もうまくいったという。

権力の勾配を完全になくすことは、不可能とは言わないまでも、難しいのは間違いない。だが、たとえ実現できるとしても、完全になくすべきではないだろう。そうなれば、混乱が生じ、決断が放置されるので、誰もが不安になるだけだ。

とはいえ、リーダーという立場にある人は、権力の勾配を小さくするためにできる限りのことをするべきだ。とりわけ垣根を越えたつながりの構築を心がけてほしい。ブレーンストーミングを取り仕切るときは、冒頭で的確な言葉をかけて、アイデアが自由にやりとりできるくらいに権力の勾配を緩めるといい。

第9章

言葉で行動がどう変わるかを知りたいなら

——新しいリーダーシップでエルファロを救う

エルファロとその乗組員は、悲劇的な運命をたどって命を落とした。そして、彼らはとてつもなく貴重な教材を残してくれた。船上で繰り広げられた会話の記録だ。私はその記録を研究し、彼らが繰り広げた可能性のある会話について考えた。

それにより、誰かを責めるつもりも、悪意があったかどうかを探すつもりもない。

船に乗っていた全員が、自らの使命とチームのために、誰もが最善を尽くして行動していたと心から信じていたのは間違いない。しかし、彼らの身体に染みついた、時代遅れのやり方と言い回しによって、彼らの誠意は悲惨な状況へと形を変えていった。

彼らと同じ過ちを犯す可能性は誰にでもある。毎日オフィスへ出向く仕事ならその危険性は低いと思うかもしれないが、**同僚の言動に対して投げかける言葉の影響は、船の上でもオフィスでも違いはない**。

本書を通じてエルファロの悲劇を教訓とし、二度とこのような悲劇が起きないための対策を講じてほしいというのが私の願いだ。**言葉が行動に与える影響に組織がもっと敏感になり、リーダーたちが新しいやり方を取り入れ、誰もが職場で安心して力を発揮できるようになったらどんなにいいか**。

この章では、エルファロで起きたことをあらためて想像してみたい。乗組員、設備、時間的な制約、乗組員たちが受けた専門的な訓練、天候条件はすべて同じとする。唯一違うのは、彼らが自らの職務を青―赤―青と交互に行うサイクルとしてとらえていて、垣根を越えたコミュニケーションが持つ力を有効に活用できているという点だ。

もっとシンプルな言い方をすれば、彼らが話すときに使う言葉だけが異なる。

月曜日――嵐の中心から１０００マイル

フロリダ州ジャクソンビルの港

エルファロがサンファンに向けて出港する前、役割への同化ではなく、垣根を越えたつながりの構築が行われている。高級船員は役職のない船員と、船長は高級船員と信頼関係を築いている。

船長はフィルターの役割を担い、自分が感じているいかなるストレスも、船員たちに一切伝染しないように努めている。彼の心理状態は、「気にかけて、気にしない」だ。彼に委ねられた船員たちや貨物のことは心から熱心に気にかけるが、船上での選択が組織内での自分のポジションにどんな影響を及ぼすかは気にとめない。

垣根を越えたつながりが築けているおかげで、船長は自らをチームの一員と感じていて、不安も和らいでいる。

垣根を越えてコミュニケーションをとるなかで、船長は出港の前に2つの重要なことを行う。ひとつは、権力の勾配を緩くすること。権力の勾配を感じるのは彼の部下たちだが、勾配を緩めることは上の立場の者にしかできない。

また、船長は53歳、一等航海士は54歳、三等航海士は46歳だ。年齢によっても権力の勾配は自然に生じるものだが、彼らのあいだの勾配はすでに緩くなっている。

二等航海士（航法士でもあり、2人いる女性乗組員のうちのひとり）は34歳で、ほかの高級船員たちより20歳ほど若く、性別も船内で数少ない女性ということで、権力の勾配の影響をもっとも強く受ける存在だが、それと同時に、チームが青ワークを行うとなれば、聡明な意見をいちばん提供しそうな存在でもある。

そうしたことから、**彼女が安心して意見を言える環境を整えることがますます重要になる。**船長は彼女と1対1で話す機会を設ける。そして、次のように声をかける。

「君がチームにいてくれて嬉しい。年齢や性別の違いから、君と私は視点も異なると思う。私やほかの高級船員が見落としている何かに気づくこともあれば、われわれが知らない知識も持っているだろう。

君のアイデアや考えがほかの人と相容れなかったとしても、間違っているというわけではない。君だけが正しいこともありうる。だからこそ、君には声をあげてほしい。私が責任を持って耳を傾ける。

だからといって、つねに君の言うとおりにものごとを進めるわけではないが、君の話はつねに興味と関心を持って聞くことを約束しよう。

ここにイエローカードがある。もし私がちゃんと話を聞いていないと思ったら、審判みたいにこのカードを私に向けて掲げてくれ。みながいないほうが話しやすいなら、いつでも声をかけてくれればいい。的確な判断をしているのが君ひとりだけかもしれないということを、つねに念頭に置いてほしい」

高級船員との関係づくり

船長は、高級船員チームに対しては、次のような言葉をかける。

「私とは違うやり方の船長の船に乗っていた者もいるので言っておく。私には、この船を安全にプエルトリコまで航行する責任がある。そのためには、知っていること、気づいたことを全員が把握していたほうがいい。

今回の航行に関する重要な決断は、高級船員であるわれわれ全員で議論しようと思う。意見が分かれて私が決断を下す必要があるとしても、それをするのは全員の意見を聞いたあとだ。

2カ月前の航海で、私はオールドバハマルートで行くと決めた。そのせいで、到着がいつもより6時間遅れた。その判断が良かったのかどうかは、誰にもわからない。いずれにせよ、私は説明のために本部に呼ばれた。そういうことは私の仕事だ。本部の対処は私に任せてくれ」

もうひとつの重要なことは、時計を支配できる環境を整えることだ。これには中断の名称をつけることも含まれる。

船長が高級船員チームに指示を出すときは、こんなふうに告げる。

「いまはハリケーンの季節だということを全員に念を押しておきたい。計画を中断してとるべきルートを再考せざるをえない天候になる可能性はある、いや、その可能性は高いと言っていい。

どんな理由であれ、立ち止まる必要があると感じたときは言ってくれ。その中断の時間を『マリナーズタイム』と呼ぶことにしよう。『マリナーズタイムを希望します』と呼びかけてくれ。そうしたら、高級船員全員がブリッジに集まって、どうするかを話し合おう。**練習の意味を込めて、最初の当直に就くときに、全員が必ず『マリナーズタイムを希望します』と言って、中断を呼びかけてほしい。**そうすれば、呼びかけやすさや呼びかけへの応じやすさを確認できるし、実際に呼びかけがあったときに、ブリッジに集まる練習にもなる」

水曜日――嵐の中心から６００マイル

２０１５年9月30日午前6時　バハマ諸島北部に接近

通常ならこの船は、特に検討することもなく、遮るものの何もない直進ルートを進む。どこを決断ポイントにするかを検討することもほとんどない。だが今回は、最新の気象情報から、熱帯低気圧「ホアキン」がハリケーンに格上げされたことがわかっている。

この出来事がきっかけとなり、**自動操縦モードの赤ワーク（直進ルートでプエルトリコに向かう）から脱して、青ワーク（適切なルートを判断をする）に移行する必要性が生じた。次に必要となるのは、時計の支配、連携、責任感の自覚だ。**

２０１５年９月30日午前６時５分

当直の高級船員が時計を支配する行動に出る。効果的に仕事を進める組織では、時計を支配する必要があると最初に気づいた人がそれを実行に移す。メールでの連絡だけだと見落とされる恐れがあるとわかっているので、「午前６時30分にプエルトリコまでのルートに関するミーティングを開催する」旨を記した紙のメモを送る。

青ワークの必要性を感じてミーティングが呼びかけられたことに対し、船長は最善の策ではないと思ったかもしれないが、あくまでも呼びかけた船員のサポートだけに従事する。いずれにせよ、誰も時計を支配せず、赤ワークを続けるよりよほどいい。

２０１５年９月30日午前６時10分

船長をはじめとする高級船員たちがメモを受け取る。

２０１５年９月30日午前６時15分

船の航法士でもある二等航海士がブリッジにやってきて、当直責任者の船員と、誰がミーティングを仕切るかについて相談する。嵐が近づいているなかプエルトリコまでどのような航路をとるかがテーマなので、**航法士である二等航海士が議長を務めることで話がまとまる。両名とも、船長が議長を務めることは考えていない。**

連携をとり、責任感を自覚する段階では、自分たちが意思決定者としてふるまい、**船長には決断を評価してもらう立場になってもらったほうが、より柔軟性の高い判断ができる**とふたりはわかっているのだ。

船長の関与が強くなると、チームが責任感の過熱に陥りやすくなり、船長が下した最初の決断に引っ張られる可能性が高くなる。

２０１５年９月30日午前６時29分

高級船員全員がブリッジにやってくる。海図台を囲むように集まるが、**船長だけは少し下がって彼らの脇に立つようにしている。**

２０１５年９月30日午前６時30分　ミーティング開始

二等航海士は、船長の了承の合図や発言を待たずにミーティングを開始する。承認を求めて船長のほうに目を向けることすらしない。ほかの高級船員たちを見て、彼らに向かって話を始める。

「ご承知のとおり、われわれで決断を下さねばなりません。決断ポイントが迫っています。そこを決断ポイント１と呼ぶことにしましょう。右に進路を変えてオールドバハマルートをいくか、それとも、このままいつもの直進ルートでプエルトリコまで進むか。

この決断を下すにあたってここで連携をとるのは、熱帯低気圧『ホアキン』がハリケーンに格上げされたためです」

二等航海士が指を使った投票を試みる

二等航海士は0～5本の指を使った投票を呼びかける。「どちらの選択肢をどのくらい強く望みますか？　オールドバハマルートを強く望むなら0本、直進ルートを強く望むなら5本の指を表示してください」

彼女は「投票をしてから議論をする」形式と、「0～5本の指を使う投票」を採用した。**参加者が少人数なら心理的な安全性は高いので、0～5本の指を使った投票が手っ取り早くて効果的だ。**

このような話し合いの場では、**議論を始める前に意見のバリエーションを最大限に広げることが大事となる。**みなが正直に投票しないのでは、と不安があるなら、パーセントカードを使って無記名の投票を呼びかけてもいい。

二等航海士は**「どのくらい」**という言葉を使い、「オールドバハマルートと直進ルートのどちらにするべきか」という二択の問いかけを避けている。

この段階での彼女の役割は、最終目的を明確にしたうえで、割合を尋ねることで思いの強さの微妙な違いを露わにし、バリエーションを最大に広げることにある。

「それでは投票してください」

一等航海士、二等航海士、三等航海士、機関長のメンバー全員が手をあげる。投票結果は順に、5、3、1、0だった。一等航海士は効率のいい直進ルートを、機関長は島々が壁となるオールドバハマルートを強く希望していた。船長は投票しない。その後行われる話し合いに影響を及ぼしたくないからだ。それよりも、チームの意見がどう動くかを見守りたいと考えている。

船長には最終決定を拒否する権限があるので、いまは何も言う必要がない。

二等航海士はバリエーションを歓迎し、しぶしぶではなく心から投票結果に関心を持っている。

機関長による説明が始まる

そして落ち着いた口調で、機関長に向かって「機関長が見せた指は0本でしたね。詳しく説明してもらえますか」と尋ねる。**「投票したのは0本」**ではなく**「見せた指は0本」**という言い方は意図したものだ。

後者の言い方をとることで、**その人と投票結果を切り離して考えられる。**また、「なぜそんな投票をしたのですか？」という質問も避けている。こういう聞き方をすると、非難の意図を感じて、相手が身構える恐れがあるからだ。

機関長は次のように説明を始めた。「この船は40年走っている蒸気船です。高波に遭遇すれば、船をまっすぐ進ませるために推進力を維持する必要が出てきますし、汚水ポンプを動かすために電力の生産が不可欠になります。

船が揺れれば潤滑油システムが損傷する可能性が高く、損傷すれば機器が自動的に停止しかねません。もし停止すれば、再稼働は難しいでしょう」

すると、直進ルートを強く希望していた一等航海士が、まずは状況の理解に努めようと、「何度の揺れを受けたら、潤滑油システムが損傷すると思いますか？」と尋ねる。

機関長に対して「この船なら揺れなど大丈夫」だと説得を試みるのではなく、彼の意見に関心を向けているのだ。

機関長はこう答える。「この船は本来、30度の揺れに耐えられる設計になっています。しかしギアは消耗していますし、潤滑油の残量が少ないことを踏まえると、20度から25度の揺れで機器の停止が始まってもおかしくないと思います。

25度の揺れで推進力を維持できる自信は、60パーセントと言わざるをえません」

機関長は確証は持てないながらも、割合を使って彼にできる最善の予測を提供している。

それに、補充が必要になるほどではないが、**標準的な量に比べて潤滑油が少ないという恥**

になりうる事実も明らかにしている。

これは航行計画上のミスとされてもおかしくないが、船長は沈黙を保っている。

二等航海士は次に、5本の指で投票した一等航海士に彼の考えを披露してほしいと促す。一等航海士は直進ルートのほうが短く効率的であることを強調し、船の顧客と船会社の両方が喜ぶと説明する。

船長が三等航海士の発言を促す

船長は、チームでいちばん立場が下の三等航海士がずっと黙っていることに気づく。そして「君はずっと黙っているな。そういえば、見せた指は1本だったが、君はどう考える?」と声をかけた。

青ワークで連携をとっているときのリーダーの役割は、合意を進めることではない。口数の少ない少数からも意見を引き出して、議論の活性化を促すことだ。

三等航海士は実体験を簡潔に語る。「私は10年ほどバハマに住んでいました。なぜかわかりませんが、今回の嵐は怖いと感じます。1992年に、ハリケーン『アンドリュー』で大変な目に遭いました。まさに直撃でしたから。

この決断を下したら、ハリケーンから逃げるルートがなくなるのではないかと心配です。

ここで決まったことは、どのくらい絶対なのでしょうか？」

三等航海士は、過去の体験からハリケーンのなか航海することへ不安を覚えているが、その不安を吐露しても大丈夫だと感じている。また、彼は重要な質問を投げかけた。**この決断が下されたら、再び検討する可能性はどのくらいあるのかと尋ねている。事前に中断の時間を組み込むことは可能なのかと。**

二等航海士が口を開いた。「決断ポイントはもうひとつあると思っています。ラムケイ分岐点です。そこを決断ポイント2と呼ぶことにしましょう。そこにはバハマ諸島のあいだを通り抜けられる海峡があります。直進ルートを進んでいたとしても、ラムケイで南下してオールドバハマルートに変更することが可能です。

計画どおり20ノットで航行すれば、本日深夜にそのポイントに到達するでしょう。つまり、いまから18時間後です。ただし、ラムケイに着くまでのあいだは、右側に広がるバハマ諸島の陰に隠れることはほぼ無理ですが」

一等航海士が見せた素晴らしい言い方

ここで船長が口を挟んだ。「ちょっとだけいいかな。2カ月前に嵐の脅威にさらされたとき、私はオールドバハマルートを選択した。その決断について説明しに会社に行くことになったが、私はまだこうしてここにいる。

だから、会社からの私の評判を気にして本意でない意見に賛同する、ということのないようにしてもらいたい。私たちみんなのため、そして会社のためにも、正しいと思うことをしたほうがいい」

船長は、立場がどうなるかではなく、天候と船の状態を根拠に票を投じてほしいと考えている。**正しい理由のもとに、正しい決断を下してもらいたいのだ**。

一等航海士はさらにこんな情報を付け加えた。「ハリケーンの季節の終わりには、アラスカまで行く予定が入っていますよね。そこではかなりの悪天候に見舞われると予想されます。私は大波を受けたこの船がどう対応するのか見てみたい。そうすれば、アラスカに向けて出港する前に、設備や手順を変える必要があるかどうかがわかりますし」

彼が学習を強調している点を私は評価したい。青ワーク中は、成長、改善、学習を求める思考心理になるべきだ。進むべき道を選ぶときは、短期的な生産性だけでなく、学習できることも考慮して最善の道を選ぶようにしたほうがいい。

また、一等航海士の言葉は、**最初に事実を提示したうえで自身の感情を述べている**。どちらかのルートを強制しようとも、他者の意見を変えようともしていない。実に素晴らしい言い方だ。

二等航海士がそろそろ決議をとったほうがいいと察したらしく、「それではもう一度投票してください」と発言した。機関長が、「この投票は、サンファンまでのルートの投票ですか？　それともラムケイ分岐点までですか？」と質問する。

二等航海士の回答は、「ラムケイ分岐点までのルートです。ラムケイ分岐点から先は切り離して考えてください」というものだった。ルートを分割したほうが、責任を引き受けやすくなると彼女はわかっているのだ。

チームの決断——直進ルートをとる

投票結果は、5、5、3、2となった。そうしてチームの意見は直進ルートをとる方向に傾いた。ラムケイで、バハマ諸島が壁となるルートに移れる道があると把握していることで、機関長からの警告があってもなお、直進ルートを安心して選ぶことができるのだ。また、責任を引き受ける距離が短いほうが、学習やリスクをとる行動を積極的に行えるようになる。

二等航海士は次のようにまとめた。「わかりました。では、当面は直進ルートを進むということでどうでしょう。天候がひどい状況になるまでは、私たちも天候を観察できると思います。

船上で風や波を測定し、天気予報に目を配る。そして深夜になったら、分岐点でオールドバハマルートに移るか、このまま直進ルートを進み続けるかを決めるミーティングを開きましょう」

二等航海士はチームに責任を引き受けることを求めているが、責任の範囲をできるだけ小さくしている。さらには、赤ワークに取り組む期間（ラムケイ分岐点まで航行する）の次に青ワークを開くタイミング（深夜）を提示している。

彼女が決断ポイントはもうひとつあると伝えたことで、誰もが自分の投じる票は重いと理解し、みなに学習と成長の思考心理が呼び起こされた。それにより、彼らは次の投票に備えて、広い視野で状況の観察に努めることだろう。

二等航海士は、「決まった計画に従ってもらう」という強い言い方をすることもできた。だが彼女は、「～ということでどうでしょう」という言い方をして、異論を唱える機会をチームに与えている。

二等航海士はこの船の航法士でもあるので、計画を提示する人物に最適だ。加えて、彼女はチーム内でいちばん年が若く、同意しなければならないという重圧がいちばんかからない立場でもある。

船長は彼女の提案を承認する。「よし、決まった。その計画でやってみるとしよう。船がどのくらい揺れるのか、機関がどう持ちこたえるかが見ものだな。荒天のなかを進むことになるので、各自手順を見直しておくように。荒天への備えについては、8時にミーティングを行おう」

決断は下された。加えて、荒天のなかを航行することになるので、確認事項（上甲板扉の施錠、貨物の固定、船底にたまった不要な液体の水位の監視など）が増えるはずだ。

そうした確認は、直進ルートをとるという決断から生じる赤ワークの一環だ。荒天に遭遇するまで数時間の猶予が見込まれるので、高級船員たちには手順を見直す時間がある。**船長に指示されたからではなく、自分で時間を見つけて行うことで、当事者意識や自発性が身につく。**

一等航海士にはあるアイデアがあった。「これからの行動について、本社にも伝えておくべきだと思います。伝える文面は私が用意します」。彼は、いずれ本社から、とるべきルートの指示か、どうするのかを問い合わせる連絡がくると予想している。

どちらにしろ、連絡がくるのを待つのではなく、先手を取ってエルファロのほうから計画を知らせてはどうかと提案しているのだ。これは「野獣を手懐ける」とも呼べる行為だ。おまけに彼は、文面を（送るのではなく）用意することを積極的に買って出ている。

その後、その日から深夜にかけて数回ある当直のあいだ、高級船員たちは風や波、天候の変化をメモした。彼らがそうするのは、深夜のミーティングに出席したときに、そういう情報が重要になるとわかっているからだ。**自分たちの運命は、自分たちの手に委ねられていると彼らは知っている。**

２０１５年9月30日深夜　ミーティング開始

深夜のミーティングが始まり、高級船員たちは再び0～5本の指を使った投票を行う。ただし今回は、嵐の風速が時速１００マイル（約１６０キロ）を上回り、船はすでに激しく揺れていることから、安全を優先する以外の選択肢はなく、全員が安全な海峡へ移ることを提案した。

船長は、そうなれば到着が6時間遅れ、損害が出ることを理解している。また、直進ルートをとっても、無事に目的地に着く可能性があることも理解している。それでも彼は、高級船員たちの決断を承認し、承認を受けた彼らは、本部に決断の内容を知らせる。

金曜日――サンフアンに到着

２０１５年10月2日午前9時

エルファロがサンフアンに到着する。上甲板や一部の機器、貨物の一部が固定からはずれて損傷した。6時間遅れはしたが、船は無事到着し、33名の乗組員は全員無事だ。

オールドバハマルートを選んだことで、船は救われた。

「これについては、60パーセントの確信しかないと言わざるをえない。つまり、私が間違っている可能性が40パーセントあるわけだ」

「どちらの言い分もわかる」

「私の立場から反論する根拠は○○なので、○○の兆しに目を配っていてほしい」

弱さがないとアピールする言い方

「だから、今回は耐えるしかないな」

「大丈夫なはずだ。いや、『はず』ではだめだ。大丈夫にするんだ」

「この船は嵐を突っ切ることになる。ほかにどうしようもない」

「(すべて) うまくいくはずだ」

「おいおい。わかってないな。この船は方向転換しない。方向転換はありえない」

不安を露わにする言い方

「われわれなら耐えられるはずだが、この条件下ではわからない。みんなはどう思う?」

「大丈夫なはずだが、状況の警戒を怠らないようにしよう。計画を変更して遠回りになるルートをとることになるかもしれない」

「われわれは大型のハリケーンに衝突する。私は少々怖い」

「みんなはこれについてどう思う? 私は興奮が冷めて、徐々に不安になりつつある」

「大西洋ルートをこのまま進むべきだと、どのくらい確信を持って言える?」

権力の勾配を強め、人とのつながりを妨げる言い方

「私のほうが経験がある」

「私はやったことがある」

「私は会議の場にいた」

「そうしたいと上司から言われている」

「君はやったことがないから」

権力の勾配を弱め、人とのつながりを促す言い方

「これには君の新鮮な目が生きる」

「われわれのほうが長くやってきたが、君が改善点を見つける可能性はある」

「何かを改善するときは、さまざまな視点が役に立つ」

「君が見ているものを知っているのは君だけだ」

「私は何度もやっているので、客観的に見るのが難しい」

「このプロジェクトを発案したのは私なので、君たちより感情移入が強く、守ろうとしてしまう」

自分を守ろうとする人が使いがちな言い方

「その訓練は受けていません」

「そのようにやった理由を説明させてください」

「もちろん、そうしていましたよ。時間さえあれば……」

「ジョーが最善を尽くしたのはわかっているが……」

「みんな最善を尽くしたと思う。よかった点に目を向けようじゃないか」

「心配いらない。ちゃんとコントロールできている」

「われわれがケアしているということさえクライアントに伝わればいい」

「前に進むこと」に意識を向けている人の言い方

「次はどこを変えるといい？」

「次の赤ワークの工程は、どのように変えるべきだろうか？」

「今回うまくいって、変えないほうがいい部分はどこ？」

「あのときに戻れるとしたら、自分に何を伝えたい？」

「次回の教訓にしたいことは何？」

意識を他者に向けた人の言い方

「このプロジェクトを誰かに引き継ぐことになったら、さらなる成功を促すために何と言う？」

「役員たちはわれわれのどこを変えてほしいと思っているだろう？」

「顧客のためにもっとできることはないか？」

改善の気持ちが高まった人の言い方

「ここでは何が正しいかに意識を向けて、それを自分たちの礎にしよう」

プロセスに意識を向けた人の言い方

「作業そのものに目を向けると、どこが改善できると思う？」

「どうすればこれをもっとよくできるだろう？」

「プロセスで改善できる部分はどこ？」

私が上だと知らしめるための言い方

「ここでいちばん偉いのは私だ」

「私がそう決めた」

「ここは私の会社だ」

「ここには君より私のほうが長くいる」

「私は〇〇大学の出身だ」

「私は認定された技術者だ」

権威を笠に着た言い方

「やれと言ったのは上司です。私はそれを伝えているだけです」

「規則ではそうなっています」

「それが我が社の方針だ」

知識や決断に確証を持てないときの言い方

「これはまだやったことがない」

「ここはわれわれにとって未知の海域だ」

「これをやることになっているのだから、抵抗しても意味がない」

「いいからやるぞ」

「無駄でもやるんだ」

「失敗という選択肢はない」

外から労うときの言い方

「よくやった」

「すごい！」

「本当に頑張った」

一体となって労う言い方

「プレゼンを3つのセクションに分けたのか。なるほど、そうした意味がよくわかる」

「予定どおりに製品を発表できそうだね。君のチームはあらゆる部署と連携をとってきた」

「例の提案を昨日送ってくれたんだな。ありがとう。おかげで週末までにクライアントに目を通してもらえそうだ」

相手の話を引き出す尋ね方

「下さなくてはならない重要な決断はどういうものだった？」

「チームで乗り越えなければならなかった障害にはどういうものがあった？」

「あのアイデアはどうやって思いついたの？」

「このプロジェクトでいちばん大変だったことは何？」

「このプロジェクトを通して何が楽しかった？　何が得られた？」

「このプロジェクトでどんなひらめきが生まれた？」

「○○についてだけど……」

「あれはどうやって乗り越えたの？」

相手の話を掘り下げる言い方

「それでどうなった？」

「何が不安にさせたの？」

「優秀であろうとする自分」モードに入った人の言葉

「自分は何ひとつ間違わなかった」

「最善を尽くした」

「次回も同じようにやると思う」

「そうしたがったのは君じゃないか」

「いつもこのやり方でやってきた」

「これをずっとやってきたのは私だから」

「君のほうがわかっているとでも言いたいのか？」

「まだ着任したばかりだからね。なぜこのやり方なのか、君にもそのうちわかるよ」

「もっとよくなりたい」モードになった人の言葉

「もっと詳しく教えて」

「あなたにはどう見える？」

「こうなる前に何があったと思う？」

「ほかにどんな見方ができそう？」

「君の視点からはどう見える？」

「ほかのやり方には何がある？」

「どうすればもっとよくなっただろう？」

「もっと詳しく聞かせてほしい」

「そう考えるようになったきっかけは何だったの？」

指示ではなく情報を与える言い方

「そこに停めて」→「そこに駐車場があるよ」

「その案のまま提出して」→「私ならもう変えるところはないかな」

「ここにあるユーザー体験談を付け加えて」→「製品のユーザーが新たに体験談をアップしたね」

「その数字をもう一度チェックして」→「その数字は絶対に間違えられないのに、どこかおかしい点がある」

服従の姿勢が表れている言い方

「命令されたからです」

「そう書いてあるので」

「命令されたことをやっているだけです」

「考えることは私の仕事ではありません」

「こんなところにいるバカは俺たちだけですね」（エルファロの一般船員の言葉）

「あの人の言葉を信じるよ。20マイル先に風速100ノットの嵐がいるってだけだ。まあ、だけって話じゃないとは思うけど」（エルファロの三等航海士の言葉）

責任感を持った人の言い方

「プロジェクトの次の段階を始めようと思います。次の青ワークのための中断は10日後を予定しています」

「選択肢1で進める予定です。15日したら一度中断して振り返ります」

「次の生産ラインを稼働させます。1万ユニット生産したら、会議を開いてデータを検証します」

メンバーの責任感を確かめたいときの言い方

「実行の計画はどうなっている？」

「赤ワークに戻る予定はいつ？」

「次に中断して進捗を確認する前に、赤ワークにどのくらいの時間をかける？」

「このプロジェクトでは、何をきっかけにして次の中断をとるつもりだ？」

「その仮説を実行に移すときはどうやって周知する？」

「この活動はいつまで有効か？」

責任感を持って取り組んでもらうための言い方

「どう始めようか？」

「素早く安く試すにはどうすればいい？」

できないことからできることへフォーカスを移す言い方

「もっとも小さい作業は何になる？」

「われわれに何ができる？」

「それは何に喩えられる？」

「最初の一歩となる活動は何だ？」

責任感の過熱に陥った人の言い方

「やり始めたのだから絶対に最後までやる」

「もう決めたから」

「サプライヤーを見直す必要があるかもしれないな。実績値を示す数字はどれだ？」

「ここで待機して様子を見よう。みんなはどう思う？」

「よくわからないって顔だね。何が気になったか教えてくれる？」

「何が引っかかるか教えてくれないか」

「ほかにも何か気になることはない？」

会議を始めるときの言い方

「全員の考えをまとめる前に、みなさんはどんな数字であるべきだと思っていますか？　各自、手元にあるカードに書いてください」

「議論を始める前に、みんながどう思っているか知りたい。製品の初出荷はいつにするべきだと思うか、最適だと思う日付をミーティングアプリに各自で入力してほしい」

「おかしいと思うことをできるだけ口にしやすくしたいと思っています。この提案を支持する気持ちはどの程度ありますか？　手元にあるカードの数字で表してください」

「この計画は以下の重要な前提にもとづいています。計画を進める前に、この前提は正しいとどの程度思うか教えてください」

「みなさんがやるべきだと私が思うことを伝える前に、私がここにいなかったら、みなさんは何をするか教えてください」

全員で少数意見を検討するときの言い方

「こういう票が入った背景には何があると考えられる？」

「この票が正しいと思える根拠は何か、みんなで考えてみよう」

「なぜこの票が入ったと思う？」

「この票を入れた人に見えていて、ほかの人に見えていないことは何だろう？」

やってはいけない、悪い質問

「テストはどのくらい終わった？　バグは本当にぜんぶ特定できたのか？　いやあ、ちゃんと知っておきたいからさ。本当に発表して大丈夫かどうかを」

「そのクライアントのニーズについて考えたことはあるのか？」

「なぜそれをしたいと思う？」

「発表していいのか？」や「それでうまくいくのか？」

（何か言われたとたんに）「では何をすべきだ？」と問い返す。

「自分を教育する」質問

「私が見落としていることは何？」

「何についてもっと知りたい？」

「うまくいかないかもしれないと思うことは何？」

「何をすればもっとよくなると思う？」

反論に対する（興味を持った）質問

「その意見が生まれた経緯を教えてくれないか？」

本書で紹介された主な言い方

赤ワークでよく使われる言い方

「やり遂げろ！」

「現実にしよう」

「これを終わらせよう」

「計画どおりに進んでいるか？」

青ワークでよく使われる言い方

「君はどう思う？」

「これについて、われわれはどの程度準備ができている？」

「もっといい方法をとれないか？」

「学んだことは何か？」

証明の思考心理（自分にならできる）で使われる言い方

「やったぞ！」

「できると見せつけてやるんだ！」

「決まったな」

自衛の思考心理（自分を守りたい）で使われる言い方

「あれは自分らしくなかった」

「いや、自分は大丈夫」

「時間の許す限り精一杯やった」

改善の思考心理（学習し成果を改善したい）で使われる言い方

「どうすればもっとよくなるか？」

「どうすればもっとうまくできるようになるか？」

「何を学んだか？」

中断を阻止する言葉

「今回は耐えるしかないな」

「あらゆる天候の可能性から逃れるなど不可能だ」と言い、「大変だ、大変だ」と取り乱した船員のモノマネを続けた。

「嵐に突っ込むのですか？」と尋ねた船員への返答が、「ほかにどうしようもない」だった。

中断する時間はある、と示す言い方

「これを正しく行うための時間は十分にある」

「これが重要な節目になると聞いていると思う。確かにそれは事実だが、安全に行えない可能性があるなら、延期したほうがいいと思っている。その責任は私がとる」

「必要だと思ったら、いつでも中断を呼びかけてくれ」

「スピードを遅らせる必要があるという警告は、誰が発してもいい」

現場からの中断要請に応える言い方

「早すぎると感じているようだな。君の考えを聞かせてくれ」

「みんなを集めて決定事項をもう一度見直そう」

【著者・訳者紹介】

L. デビッド・マルケ（L. David Marquet）

全米屈指のエリート校である海軍兵学校をトップで卒業し、1999年から2001年まで米海軍の攻撃型原子力潜水艦「サンタフェ」の艦長を務める。海軍内で最低の評価を受けていた「サンタフェ」をたった1年で最高評価の艦に生まれ変わらせ、そのリーダーシップは、ロングセラー『7つの習慣』の著者であるスティーブン・R・コヴィー博士の激賞を受ける。「サンタフェ」で何が起きたかを自ら書き記した『米海軍で屈指の潜水艦艦長による「最強組織」の作り方』（東洋経済新報社）は日米で話題作となる。退役後は、リーダーシップに関するコンサルタントとして活躍。近著に『LEADER'S LANGUAGE（リーダーズ・ランゲージ）』（東洋経済新報社）。

花塚　恵（はなつか　めぐみ）

翻訳家。福井県福井市生まれ。英国サリー大学卒業。英語講師、企業内翻訳者を経て現職。主な訳書に『脳が認める勉強法』『SLEEP 最高の脳と身体をつくる睡眠の技術』『思考の穴』（以上、ダイヤモンド社）、『LEADER'S LANGUAGE（リーダーズ・ランゲージ）』（東洋経済新報社）、『THE POP-UP PITCH 最もシンプルな心をつかむプレゼン』（かんき出版）などがある。

最後は言い方

これだけでチームが活きる究極のスキル

2024年3月12日　第1刷発行
2024年6月12日　第3刷発行

著　者――L. デビッド・マルケ
訳　者――花塚　恵
発行者――田北浩章
発行所――東洋経済新報社
〒103-8345　東京都中央区日本橋本石町 1-2-1
電話＝東洋経済コールセンター　03(6386)1040
https://toyokeizai.net/

装　丁………橋爪朋世
ＤＴＰ………アイランドコレクション
印　刷………図書印刷
編集担当……三宅　萌

Printed in Japan　ISBN 978-4-492-04763-7